JN002981

本当の発音がわかると
リスニング力もアップする!

発音キャラ図鑑

関正生
桑原雅弘 著

新星出版社

4

ところで
弱形の主な発音の特徴は
次の5つです

＊弱形特有の傾向は1、2、3
で、4、5は他の多くの単語に
も当てはまります

1　あいまい母音で読まれる
from(p.33)、**as**(p.40)、
can(p.90)など

2　軽く、短く読まれる
for(p.26)、**she**(p.62)、
we(p.84)など

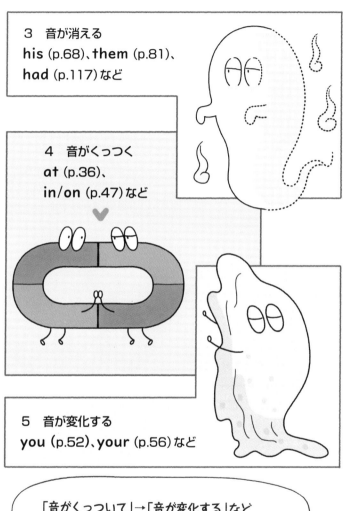

3 音が消える
his (p.68)、them (p.81)、
had (p.117)など

4 音がくっつく
at (p.36)、
in/on (p.47)など

5 音が変化する
you (p.52)、your (p.56)など

「音がくっついて」→「音が変化する」など
複数の特徴をもつ単語も多いですね。

これからは
「簡単な単語なのに
聞き取れなかった」ときは
「弱形で読まれているかも?」と
考えてみてください

辞書を引けば
弱形をもつ単語には
必ず《弱》と書かれています

しかもすべての単語に
2通りの発音が
あるわけではなく
弱形をもつ単語は
of/and/you/canなど
小学生でも知っている
単語ばかりです

弱で

知っておいてほしいのは
リスニングが難しい理由には
「速い」だけでなく「短い」という
事実があるということ

ofは「オヴ」だと思っていたものが
実際には「ァ」と発音される場合
「2つの音→1つの音」になるので
発音する時間は単純計算ですが半分になりますね

2つの音

1つの音

オヴ

ァ

9

はじめに

●リスニングの力を劇的に上げるには？

　「英語を聞き取れるようになる」ことは、多くの英語学習者の夢の一つだと思います。ところがリスニングの本では精神論・正論・綺麗事が羅列されていることが多い気がしませんか。たとえば…

「出だしに注意」　→　注意しても聞き取れない…。
「たくさん聞いて英語耳を作ろう」　→　だからどうやって？
「ここを聞き取れればよい」　→　そのコツを教えてよ…。
「日頃から様々な英語に触れることが大切」　→　そりゃそうだ。

　確かに、リスニングというのは「自分ひとりでがんばる時間」が大事なのですが、そうは言っても何かしらの「コツ」や「きっかけ」は教えてほしいですよね。

　僕らは職業柄、「どうやったら英語を聞き取れるようになりますか？」と質問されることがよくあります。その回答はいつも同じで、「あえて一つだけ、かつものすごく重要なことを挙げるなら、弱形をマスターすることです」というものです。この主張は、自分たちの授業・書籍はもちろん、ビジネス雑誌の取材や企業講演でも強調してきましたし、ついには全国放送のテレビCMで解説したほどです。

聞こえないんじゃない、最初から言ってないんだ！

このセリフが（英語の勉強に興味がない人のほうが圧倒的に多い）全国のお茶の間で流れたのです（2020〜2021年の話です）。

●弱形だけを徹底的に！

リスニングのコツはいくつかあり、「くっつくパターン（an appleが「アナップル」に聞こえる）」や「音が欠けるパターン（goodが「グッ」に聞こえる）」などは有名です。こういったことも大事なのですが、それに比べると、弱形の話はあまり取り上げられない気がしませんか。

そこで本書では、僕らが常に理想として描いていた「弱形だけの本」を実現させることになりました。

本書では、言葉での解説に磨きをかけたのはもちろんですが、解説自体をイメージ化して、「キャラクター」にまで仕立て上げ、リアルかつ鮮明に伝えることを目指しました。

思えば私たちは子どものころから、難しいことはキャラ化の力を借りてきました。虫歯のバイキンなど、わかりやすく馴染みのあるものに助けられてきました。目に見えない、やっかいな考え方を具現化・キャラ化する方法を英語学習に使わない手はないでしょう。

みなさんに聞こえる英語が、単なる音の連続ではなく、繊細で鮮やかな音を奏でているものに聞こえる日が来ることを願っております。

関 正生　　桑原雅弘

『発音キャラ図鑑』 contents

Part **1** 弱形で読まれる前置詞

of p.22

for p.26

to p.30

from p.33

at p.36

as p.40

with p.44

in/on p.47

登場人物

関先生
TOEIC990点満点を取得し続ける英語の達人。英語が聞き取れない理由を「聞こえないんじゃない、最初から言ってないんだ！」と一刀両断し、リスニングに弱い自分を責めている人を窮地から救う。趣味は30年以上続けているビリヤード。

桑原先生
TOEIC990点満点を取得する英語の達人。大学時代から語学書の執筆に携わる。すべての英語学習者が、英語の鮮やかな音が聞こえるようになることを願い、執筆に励む。趣味は3歳から続けているピアノ。

つぶやき鳥
英語の達人を夢見る鳥。書く、読む、話す、聞くの4技能に着々と磨きをかけ、いよいよ発音に挑む。

12

英語が聞き取れない理由は…。 2

はじめに 10
本書の見方、使い方 16
発音記号一覧 18

Part 2 弱形で読まれる代名詞

you	p.52	your	p.56
he	p.59	she	p.62
me	p.65	his	p.68
him	p.72	her	p.75
they/their	p.78	them	p.81
we/our/us	p.84		

強形、弱形を表すキャラ

強形
学校で習うおなじみの発音。特に強調したいときの発音で、実際にはそれほど多く使われない。「普段の発音＝強形」と信じていると、リスニング力の向上を妨げてしまうことに。

弱形
実際の会話で使われるのが「弱形（強形キャラたちの普段の姿）」。学校で習うことは少ないが、リスニング力を高めてくれる立役者。
＊弱形をもつ単語は、ofやandなど簡単な単語に限られます。

13

can ▷ p.90		**could** ▷ p.94	
have ▷ p.97		**should** ▷ p.100	
must ▷ p.104		**will** ▷ p.108	
would ▷ p.111		**has** ▷ p.114	
had ▷ p.117		**do/did** ▷ p.120	

弱形の発音の特徴を表すキャラたち

1 あいまい母音で読まれることを表す
「あいまい母音」の音を出せるナマケモノ。今日も樹の上で、口を半開きにして、「フラム」「フルム」「フム」(p.34) と、発音の勉強に余念がない。

フラム
フルム
フム

2 軽く、短く読まれることを表す
英語も恋も「軽く短く」が信条の妖精。forは「フォ」、toは「トゥ」「タ」など、軽やかに読むのが特徴。強形で発音すると、誤解を生むことも (p.26、p.30)。

> **and** > p.126

> **or** > p.130

> **but** > p.134

> **because** > p.137

> **some/any** > p.140

> **there** > p.143

> **am/are** > p.146

> **is** > p.149

> **be** > p.152

> **been** > p.156

3 音が消えることを表す
文字を消すのが得意なゴースト。特に好んでhを消す。その特技を生かし、時々マジックショーに出演。先祖はフランス人という説も。

4 音がくっつくことを表す
お隣さんとくっつきたがる習性をもつ双子の磁石。英単語の世界ではメジャーな存在。

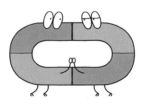

5 音が変化することを表す
くっついて音を変化させるのが得意な謎の物体。その影響力は大きく、Got you.は、その読み方「ガッチャ」が"Gotcha."と表記になったほど（p.54）。

15

本書の見方、使い方

本書では、弱形の発音を簡単に理解できるように、キャラクターやマンガを盛り込み、やさしく解説していきます。

＊本書の発音の解説は、「アメリカ英語」を基本にしています。

ofやto、forなど、弱形のある単語を46個紹介していきます。

各単語の強形、弱形の読み方と「リスニング練習」の例文が収録されています。

強形と弱形の読み方をカタカナと発音記号、音声＊で紹介します。強形と弱形のイメージは、キャラクターで表しました。

各単語の解説です。弱形の発音として身近にある例も紹介しています。

＊弱形は、普通は単独で発音することはないので、ここの音声は参考程度でOKです。また、発音記号は1つでも、日本語の近い音が複数ある場合は、カタカナ表記を複数記載しています。

リスニング練習では、会話でそのまま使える英文をたくさん掲載しました。音声も聞いて、弱形の読み方を確認しましょう。

解説のポイントなどをマンガにしました。楽しく読みながら、確認していきましょう。

音声について

本書は、各単語の強形、弱形の読み方と「リスニング練習」の音声を聞くことができます。以下の方法でご利用いただくか、各単語の上部にあるQRコードからも音声ページにアクセスしていただけます。

① パソコン、スマートフォン、タブレットで下記の専用サイトにアクセスします。

https://www.shin-sei.co.jp/hatsuonkyara/hatsuonkyara_all.zip

② 音声は単語ごとに用意しています。聞きたい単語を選んで再生いただくか、リンクから音声ファイルを一括ダウンロードしてご利用ください。

※ご利用の端末がインターネットに接続されている必要があります。
※スマートフォン、タブレットで再生する場合、Wi-Fiに接続した状態でのご利用を推奨いたします。
※本音声は、PC/iOS/Android端末でご利用できます。
※一部機種によっては再生できない場合があります。
※有償・無償を問わず、本音声のすべて、または一部でも権利者に無断で複製・改変・転売・放送・インターネットによる配信・上映・レンタルすることは法律で固く禁じられています。
※予告なく音声の配信を変更・終了させていただく場合があります。

発音記号一覧

ここでは発音記号を効率よくチェックできるようにまとめました。学問レベルではより細かい違いもありますが、まったく気にしなくて大丈夫です。

1 母音

[æ] 「ア」の口のまま「エ」と言う　　　例apple[ǽpl]

[ɑ][ɔ] 口を大きく開けて「指が3本」入るイメージ
　　　例hot[hɑ́(ː)t][hɔ́t]

[ə] 口をダラ〜ンとしたまま「ア」と言う
　　　例chocolate[tʃɔ́(ː)kələt]

[ʌ] 「あっ、そうだ」の「あ」　　　例sun[sʌ́n]

[ɪ] 「イ」と「エ」の中間の口で「イ」と言う　例baby[béɪbi]

[iː] 子どもがやる「イ〜っだ」の「イー」　例sea[síː]

[e] 日本語「エ」でOK　　　例bed[béd]

[uː] 日本語「ウー」でOK（より唇を丸めて突き出す感じ）
　　　例pool[púːl]

[ʊ] 日本語「ウ」でOK（「ウ」と「オ」の中間のような感じ）
　　　例put[pʊ́t]

2 日本人が苦手な発音（半母音）

[w] 思いっきり口を突き出して「ウ」と言う
　　　例woman[wʊ́mən]

[r] まずは口を突き出して、舌先をつけないで「ラ行」
　　　例red[réd]

[l] 舌先を前歯の根元にくっつけたまま「離さない」で「ラ行」
例 live[lív]

[j] 日本語「ヤ行」でOK　　　例 young[jʌ́ŋ]

3 子音

[ŋ] 鼻にかけて「ング」　　　例 ring[ríŋ]

[m] 唇をしっかり閉じて「マ行」　例 moon[múːn]

[n] 日本語「ナ行」でOK　　　例 night[náɪt]

[θ][ð] 舌先を上の歯にくっつけたまま「遮断」して息を出す
例 three[θríː]／this[ðís]

[f][v] 下唇を上の歯にくっつけたまま「遮断」して息を出す
例 four[fɔ́ːr]／very[véri]

[ʃ][ʒ] 「静かに」の「シ～ッ」／「シ～ッ」の口で「ジ」と言う
例 machine[məʃíːn]／television[téləvìʒən]

[s][z] 日本語「サ行」「ザ行」でOK
例 see[síː]／music[mjúːzɪk]

[p][b] 日本語「パ行」「バ行」でOK
例 pen[pén]／buy[báɪ]

[t][d] 日本語「タ行」「ダ行」でOK
例 tea[tíː]／day[déɪ]

[k][g] 「くっ、くるしい～」の「くっ」／「ぐっ、ぐるじい～」の「ぐっ」
例 kind[káɪnd]／game[géɪm]

[tʃ][dʒ] 日本語「チ」「ヂ」でOK
例 chair[tʃéər]／jump[dʒʌ́mp]

[h] 寒い日に手を温める「ハァァァ～」 例 head[héd]

1

弱形で読まれる前置詞

Part 1では、ofやto、fromなど、おなじみの前置詞から学んでいきましょう。

前後の単語とくっついたり消えたりする単語が多いので、弱形の音をしっかりマスターしてください。

of p.22

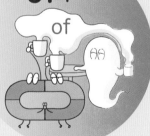

for p.26

to p.30

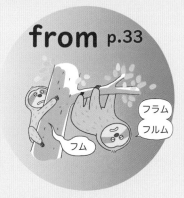

from p.33

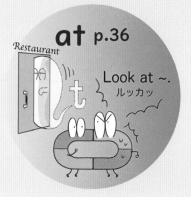

at p.36

as p.40

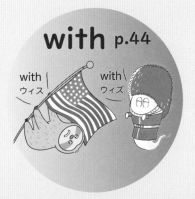

with p.44

in/on p.47

01

of

ポイント ofは「オヴ」の母音が弱まって「ァヴ」、さらに「ァ」や「ヴ」だけで発音されるのが普通です。その証拠がo'clockやFilet-O-Fishです。

強形で読むと…

オヴ[ʌv]

弱形で読むと…

アヴ[əv]

ア[ə]

ヴ[v]

●ofの弱形は身近なところにある！

ofが実際には「ァ」と発音される決定的な証拠が、o'clock「時」という表現です。これは「ofの"o"しか発音しないんだから、綴りも"o"だけでいいじゃん」という発想が形になったのです（"f"を省略した印にアポストロフィ（'）がある）。o'clockの"o'"はofの「普段の発音」が表現されたものなんです。

* two o'clock なら、本来は two of the clock「時計の数字で2」→「2時」ということです（ついでに the も省略された）。

ofの弱形は意外と身近なところにもあります。マクドナルドの「フィレオフィッシュ」という商品は、綴りが**Filet-O-Fish**となっています（包装紙に書いてあります）。真ん中の"**O**"が、実は**of**のことなんです。**of**の"**o**"しか発音しないので、綴りも"**o**"しか表記していないわけです（実際の発音は「フィレ・ァ・フィッシュ」という感じ）。

* filet of fish は「魚の切り身」で、filet は本来フランス語なので語末の子音（t）は最初から発音されません（たとえば「バレエ」は "ballet" という綴りですが、これもフランス語なので "t" を読みません）。

●ofはよくある「くっつく」パターンをチェック

また、**of**の場合は「他の単語とくっつく」ケースがほとんどなので、**of**だけを聞き取ろうとするのではなく、よく使われる（よく**of**とくっつく）パターンをおさえておくのがオススメです。

たとえば、**a cup of coffee**「1杯のコーヒー」では、**a cup of**「ア・カップ・オヴ」の**of**が「ァ」となります。そこからさらに**cup**と**of**がくっついて、「カッパ」となります。つまり**a cup of**は「ア・カッパ」と聞こえるわけです。他にも、**out of・kind of・a lot of**が頻繁に使われますので、次ページで確認しましょう。

# of のリスニング練習

Tim got out of the car in front of the station.

ティムは駅前で車から降りた。

＊ofは「ァ」で、out of「アウト・オヴ」→「アウタ」に（out ofはouttaと書かれることもあるほど）。got out ofは「ガット・アウタ」→「ガッタウタ」（くっつく）→「ガッダウダ」（t→dに変化）となることも多いです。

in front ofは「イン・フラント・ァヴ」→「イン・フラン・ァヴ」（frontの"t"が聞こえない）→「イン・フランナ(ヴ)」（frontの"n"とofがくっつく）と変化するよ。

What kind of person is Mitsuki?

ミツキってどんな人？

＊kind ofは「カインド・オヴ」→「カインダ」となります。実際にテキストメッセージでもkindaとよく書かれます。
＊文頭のWhatは「ホワット」ではなく「ワット」「ワッ」のように発音されることが圧倒的に多いです。

I have a lot of things to do today.

今日、やらなきゃいけないことがたくさんあるよ。

a lot ofは「ア・ロット・オヴ」→「ア・ロッタ」「ア・ロッダ」となります。実際にa lottaと略されることもあります。

02

for

ポイント forを「フォー」と思っていると、数字の「4（four）」と勘違いしてしまうかもしれません。forの強形は「フォー」ですが、実際の会話では軽く「フォ」「ファ」、さらには「フ」くらいにしか聞こえないこともよくあります。

強形で読むと…

フォー [fɔ́ːr]

弱形で読むと…

フォ・
ファ [fər]

フ [f]

● 「フォー・アワーズ」と聞こえたら、数字の4（four）ということも

forは軽く「フォ」「ファ」「フ」程度しか発音しないのが普通なので、「フォー・アワーズ」とハッキリ聞こえたら、数字の「4（four）」の可能性が高いと言えます（four hours「4時間」のこと）。for hours「何時間も」の場合は、軽く「フォ・アワーズ」くらいにしか聞こえないのが普通なんです。

●forを「フォー」とハッキリ発音する場合

「文末で使われるとき」や「対比で強調されるとき」などに限っては、ある程度強く「フォー」と発音することもあります。

たとえば、**Who are you waiting for?**「誰を待っているの？」では、forは文末にあるので、「フォー」と強く発音されます。また、**The gift is from Nanase, not for her.**「そのプレゼントはナナセからのものであって、彼女にあげるものではありません」という文では、fromとforが対比されるので、fromとforは強形でハッキリと発音されます。

ただし、強形で発音されるときは難しくありませんから、やはり弱形の「フォ」「ファ」「フ」をしっかり意識してください。日常会話では、驚くほど短くサッと発音されますよ。

forのリスニング練習

I kept my girlfriend waiting for hours.

彼女を何時間も待たせてしまった。

＊for hoursは軽く「フォ・アワーズ」です。ここではwait for ～「～を待つ」の形ではなく、単にwaitの後ろにfor hours「何時間も」がきているだけです。
＊全体はkeep OC「OをCのままにする」の形で、keep 人 waiting「人を待たせっぱなしにする」はよく使われます。keptの語末の"t"は飲み込まれてほぼ聞こえません。
＊girlfriendとwaitingでは、語末の"d""g"がほとんど聞こえないことも多いです。

店員：Hi, do you need help finding anything?

いらっしゃいませ。何かお探しですか？

客： Yes, I'm looking for a new smartwatch.

ええ、新しいスマートウォッチを探しています。

＊for aは「フォー・ア」ではなく、軽く「フォァ」「ファ」や「フォラ」といった感じです（forの"r"とaがくっついて「ラ」となることも）。
＊I'm looking for ～「～を探しています」は、海外旅行のショッピングでも役立ちます。ちなみにlookingの"g"とsmartwatchの"t"はほとんど聞こえません。

Marie searched her closet for her pink dress.

マリーはピンクのドレスがないかクローゼットを探した。

＊for herは「フォー・ハー」→「フォ・ハ」「フォァ」くらいによく聞こえます。herは「ハー」ではなく軽く「ァ」となることも多いです（p.75）。
＊search 場所 for 物「物を求めて場所を探す」という熟語です。

29

03

to

ポイント　　toという単語は「トゥー」と習いますが、これは強形の発音です。普段は軽く「トゥ」や「タ」という感じで発音されます。

強形で読むと…

弱形で読むと…

トゥー [túː]

トゥ [tu]
タ [tə]

●toは「トゥー」ではなく「タ」

　強形の「ウー」[uː]の音は口を少し突き出す必要があります。会話で頻繁に出てくるtoでいちいち口に力を込めるのは大変なので、軽い母音の「ァ」[ə]に変わり、toは「タ」[tə]となるわけです。

　たとえば、have toは「ハフ トゥー」ではなく「ハフタ」のように聞こえます（実際、haftaと表記されることもあります）。

＊for を強く読むと数字の「4（four）」に聞こえてしまう可能性があるのと同様に、to も強く読むと数字の「2（two）」に聞こえてしまう場合があるのです。

●going toが「ガナ」になる理由

be going to〜 (〜する予定) は「ビー・ガナ」に、want to〜 (〜したい) は「ワナ」に聞こえます。これは歌詞でgonna・wannaと書かれることもあるので意外と有名ですが (辞書にも載っています)、なぜそんな変化になるのか、簡単に理屈を追ってみましょう。それによって他の音変化にも、納得のいくことが増えるからです。

going to →「ガナ」に聞こえるプロセス

①「ゴウイング・トゥー」	
②「ゴウイン・トゥー」	＊going toの"g"が消える
③「ゴウイン・タ」	＊toが弱形「タ」になる
④「ゴウイン・ァ」	＊goin toで、"n+t"の"t"が消える
⑤「ゴウイナ」	＊goin oがくっつく／[n]+[ə]で「ナ」になる
⑥「ガナ」[gənə]	＊goingの「オウイ」が弱い母音[ə]になる

to のリスニング練習

I'm sorry, but I have to go now.

すみません、もう出なくちゃいけません。

＊have toは「ハフタ」のように発音されます。
＊but Iはくっついて「バダイ」「ブダイ」のように聞こえます（p.135）。

I'm going to watch anime all day today.

今日は一日中アニメを見る予定だよ。

＊going toは「ガナ」のように発音される
ことが多いです。ちなみに「アニメ」はその
まま英語でanimeになっています。

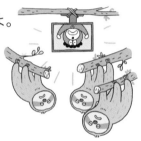

A：Do you want to eat lunch together?

一緒にランチでもどう？

B：Sure.

もちろん。

＊want toは「ウォナ」「ワナ」に聞こえます。変化のプロセスは「ウォント・
トゥー」→「ウォン・トゥー」（want toの"t"が消える）→「ウォン・タ」（to
は弱形「タ」）→「ウォン・ァ」（wan toで、"n＋t"の"t"が消える）→「ウォナ」
「ワナ」（wan oがくっつく）です。
＊Do you want to ～? は、直訳「～したい？」→「（したいなら）～しない？」
といった感じで誘うときにも使える便利な表現です。また、eatの"t"はほとん
ど聞こえません。

04

from

> **ポイント** fromは「フロム」という印象が強いと思いますが、実際には「フロム」の母音が弱まって「フラム」「フルム」、さらに「フム」だけで発音されるのが普通です。

強形で読むと…

フロム
[frʌ́m/frɑ́ːm]

弱形で読むと…

フラム・フルム [frəm]
フム [fm]

●fromはかなり短く発音されるので要注意！

　fromは、明確に「フロム」と発音されることは少なく、会話では軽く「フラム」「フルム」くらいに発音します。「あいまい母音」と呼ばれる[ə]の発音になるので、ハッキリとした「ア」という母音は入らないのです。また、よりカジュアルな会話では[ə]さえも発音されず、単に「フム」と言うこともあります。かなり短く発音されるので注意が必要です。

●あいまい母音とは？

　これまでの弱形でも出てきましたが、あいまい母音[ə]の音はめちゃくちゃ使われるので、マスターすると英語の世界が変わります。口を半開きにして、ダラ〜ンとした状態で「ア」と言うイメージです。普段「ア」と言うときは口が大きく開きますが、口をダラ〜ンとさせて言うハッキリしないような「ア」が[ə]です。

＊この [ə] は絶対に「ア」と聞こえるとは限らず、実際は「ウ」や「エ」に聞こえたりもします。ハッキリした音でないからこそ「あいまい母音」と呼ばれるわけです。

　ちなみに、おなじみの**Where are you** from？「どこ出身？」では、**from**がハッキリ「フロム」と聞こえる印象が強いかもしれません。この**from**も、p.27の**for**と同じく「文末で使われるとき」は強形で発音されるためです。こういった有名な表現でハッキリ聞こえる印象が強いせいで、普段の会話でも同じような音を期待してしまい、結果的に「**from**が聞こえない…」と落ち込んでしまうのです。**Where are you** from？ が例外的にハッキリ読まれるだけで、「普段は軽く『フラム』『フルム』、もしくは『フム』しか聞こえない」と意識しておきましょう。

from のリスニング練習

The bar is open from 6 p.m. to 11 p.m.

そのバーは午後6時から午後11時まで営業しています。

＊fromは軽く「フラム」「フルム」「フム」、toは軽く「トゥ」「タ」です。
from A to B「AからBまで」という表現です。

openは「オープン」ではなく「オ
ウプン」と発音します。

I was surprised to receive an e-mail from a childhood friend.

幼馴染からメールが来て、びっくりした。

＊from aは「フロム・ア」→「フラマァ」「フルムァ」といった感じに聞こえます。
＊childhoodとfriendの"d"は両方ともあまり聞こえません。意味は「子ども時代の(childhood)友だち(friend)」→「幼馴染」です。

DEATH NOTE is very different from all of the other manga I've read.

『デスノート』は、これまで読んできたすべてのマンガと
まったく違うものだ。

＊from allはくっついて「フロム・オール」→「フラムォール」といった感じです。また、all ofは「オール・オヴ」→「オール・アヴ」(ofは弱形)→「オールァヴ」「オールヴ」(くっつく)となります(最後の「ヴ」がほぼ聞こえないことも)。
＊be different from 〜 は「〜と異なる」という熟語です(differentの語末の"t"はほぼ聞こえない)。後ろはall of the other manga {that} I've read「私がこれまで読んできた他のマンガのすべて」です(関係代名詞thatが省略されています)。

05

at

> **ポイント**　日本語では「アットホーム」などと言いますが、英語の前置詞atが「アット」とハッキリ発音されることはかなり少ないです。弱形はあいまい母音で「ァト」という感じになります。

強形で読むと…

アット[ǽt]

弱形で読むと…

アト[ət]

●atは変化のバリエーションをおさえておく

　atは前後にくる単語によって、tの音が消えたり、前後の音にくっついて音が変化したりします。以下、atに限らずいろんな単語に当てはまるので、変化のバリエーションをチェックしておきましょう。

例1）tが消える

　そもそも語末のtは聞こえないことが多く、たとえばtoilet「トイレ」やrestaurant「レストラン」などは、語末のtが聞こえないまま日本

語に取り入れられた典型例です。atも特に後ろに同じ（似た）発音が続く場合は、まったくと言っていいほど聞こえず、「アッ」や「ァ」といった感じになるのが普通です。たとえば、at the stationは「アット・ザ・ステイション」ではなく「アッザ・ステイション」です。

例2）前後の単語とくっつく

[r]＋母音／[k]＋母音／[l]＋母音などでは、よく前の音と母音がくっつきます。たとえば、look atは「ルック・アット」→「ルッカッ」という感じです（look atがくっつく／atの"t"は聞こえない）。

また、アメリカ英語では、「タ行」→「ダ行」に濁音化する現象があり、water「ウォーター」→「ウォーダー」となるのが有名です（「ウォーラー」と「ラ行への変化」と説明されることもあります）。たとえば、at aは「アット・ア」→「アタ」（くっつく）→「アダ」（t→d）と変化します。

at のリスニング練習

It's hard to study and watch TV at the same time.

勉強しながら同時にテレビを見るのは難しい。

＊at theは「アット・ザ」ではなく、軽く「アッザ」くらいに発音されます。at the same time「同時に」という熟語です。
＊hard toは「ハード・トゥー」→「ハー・トゥ」「ハー・タ」に。hardの"d"が聞こえず、toは弱形「トゥ」「タ」。また、andも弱形「アン」です（p.126）。

Look at that yellow bird! I wonder what kind of bird it is.

あの黄色の鳥を見て！　何ていう種類の鳥なんだろう。

＊look atは「ルック・アット」→「ルッカッ」です。また、at thatは「アット・ザット」→「アッザッ」です（atの"t"、thatの"t"の両方とも消える）。Look at thatで「ルッカッ・ザッ」としか聞こえないのが普通なのです。

> whatは「ワッ」、kind ofは「カインド・オヴ」→「カインダ」。そして、最後のit isは「イット・イズ」→「イティズ」（くっつく）→「イティズ」（t→d）と変化するよ。

I worked part-time at a café last year.

去年、カフェでアルバイトをしてたよ。

＊at aは「アット・ア」→「アタ」（くっつく）→「アダ」（t→d）です。
＊last yearはくっついて、「ラスト・イヤー」→「ラスティヤー」「ラスチィヤー」となることも多いです。

06

as

> **ポイント** asは「アズ」の母音が弱まって、「ァズ・ゥズ」と発音されることがよくあります。「アズ」とハッキリ発音されることはそう多くないのです。

強形で読むと…

アズ[ǽz]

弱形で読むと…

アズ・ゥズ

[əz]

●最初の母音が「あいまい母音」になる

強形は[ǽz]で、[ǽ]は「ア」の口を作って、そのまま「エ」と言うようなイメージです（「ア」と「エ」の中間音と言われます）。

ただし弱形では、最初の母音があいまい母音[ə]になるため、明確に「アズ」と聞こえないことが多いです。あいまい母音は口をダラ〜ンとさせて言うハッキリしないような「ア」でしたね。その結果、「ァズ」「ゥズ」といった発音になることが多いのです。さらに、あいまい母音さえ聞こえず、単に[z]となることもあります。

●as soon as possibleの発音

　asを使った表現としてas soon as possible「できるだけ早く」があります。とてもよく使う表現で、聞き取りに注意が必要です。as soon asは「アズ・スーン・アズ」ではなく、「ァ（ズ）・スーナズ」という感じになります。

as soon as→「ァ・スーナズ」に聞こえるプロセス

①「アズ・スーン・アズ」
②「ァズ・スーン・ァズ」　　＊asがともに弱形「ァズ」に
③「ァズ・スーナズ」　　　　＊soon asがくっつく
④「ァ・スーナズ」　　　　　＊最初のasは直後のsoonとの兼ね合いで、
　　　　　　　　　　　　　　　軽く「ァ」としか聞こえないこともある

　ちなみに、as soon as possibleはあまりによく使うので、頭文字をとってASAP（発音は「エイ・エス・エイ・ピー／エイサップ」）と略されることもあります。日本語でも、「なるべく早く」を短くして「なるはや」と言うことがありますね。

41

as のリスニング練習

I sent my résumé as a PDF.

履歴書をPDFで送りました。

＊as aは「アズ・ア」→「アズ・ア」「ウズ・ア」→「アズァ」「ウズァ」です。
＊sentの"t"はほとんど聞こえません。また、résumé「履歴書」は「レジュメイ」といった発音です。resume「再開する」は「リジューム」という発音なので、混同しないように注意しましょう。

No other book is as famous as *The Diary of Anne Frank*.

『アンネの日記』ほど有名な本はありません。

＊is asは「イズ・アズ」→「イズ・アズ」→「イズァズ」となります。
＊全体はas ～ as …「…と同じくらい～だ」の形です。ここではNoが使われて、No other book is as famous as …「…と同じくらい有名な本は他にない（…が一番有名だ）」という意味です。

I'll get back to you as soon as possible.

できるだけ早く折り返しご連絡差し上げます。

＊as soon asは「ァ・スーナズ」といった感じです。as soon as possible「できるだけ早く」は非常によく使います。

> I'llは軽く「アイゥ」「アゥ」、
> getは「ゲッ」、backは「バッ」、
> toは軽く「トゥ」「タ」です。

07

with

> **ポイント** withは「ウイズ」とハッキリ言うのではなく、普段は軽く「ウィス」「ワス」といった感じです。はっきり「イ」と言うのではなく、あいまい母音[ə]になることが多いのです。

強形で読むと…

ウイス [wíθ]
ウイズ [wíð]

弱形で読むと…

ウィス・ワス [wəθ]
ウィズ・ワズ [wəð]

●withは「音の脱落」に要注意！

　弱形の音自体はそれほど難しくありませんが、直後の単語による「音の脱落・変化」に注意が必要です。たとえば、**with them**は「ウイズ・ゼム」ではなく「ウィッ・ゼム」「ウィ・ゼム」と発音されます。**with**のthと**them**のthが同じ[ð]という子音なので、最初の[ð]は聞こえなくなるのです。こういった「同じ（ような）子音が続く」ときは同様の変化がよく起こります。

同じ子音が連続する例

[t]+[t]	iced tea	「アイスト・ティー」→「アイス・ティー」
[k]+[k]	take care	「テイク・ケア」→「テイッ・ケア」
[ð]+[ð]	with them	「ウィズ・ゼム」→「ウィッ・ゼム」
[d]+[d]	good day	「グッド・デイ」→「グッ・デイ」
[g]+[g]	big garden	「ビッグ・ガーデン」→「ビッ・ガーデン」
[p]+[p]	stop playing	「スタップ・プレイング」
		→「スタッ・プレイング」

　同じ子音・ペアの子音以外でも、「ある特定の組み合わせ」で子音が聞こえなくなることがあります。特に"子音＋[m]"に注意が必要で、**with me**は「ウイズ・ミー」ではなく「ウィ・ミ」といった感じで発音されることが多いです。

＊meも「ミー」ではなく、短く「ミ」と発音するのが普通です（p.65）。

　ちなみに、特に若いアメリカ人は「ウィズ」ではなく「ウィス」[wəθ]と発音することも増えています（アメリカでは「ウィス」が多数派、イギリスでは「ウィズ」が多数派のようです）。あまり気にする必要はありませんが、参考までに知っておくといいでしょう。

with
ウィス

with
ウィズ

with のリスニング練習

The children asked me to play soccer with them.

子どもたちは私に、一緒にサッカーをやろうと誘ってきました。

＊with themは「ウイズ・ゼム」→「ウィ（ッ）・ゼム」といった感じです（最後の"m"は唇を閉じるので「ン」と聞こえることもあります）。ここでのwith themは「子どもたちと一緒に」を表しています。

＊文全体はask 人 to 〜「人 に〜するよう頼む」の形です。asked meは「アスクトゥ・ミー」→「アス（ク）・ミ」くらいに聞こえます（ask meとほぼ同じに聞こえることも）。toは軽く「トゥ」「タ」です。

Kevin still keeps in touch with his friends from college.

ケビンは大学の友だちとまだ連絡を取り合っている。

＊with hisは「ウイズ・ヒズ」→「ウィズ・イズ」（withとhisはともに弱形）→「ウィズィズ」（くっつく）です。fromは弱形「フラム」「フルム」です。

keep in touch with 〜 は「〜と(with 〜)
接触した状態(in touch)を保つ(keep)」
→「〜と連絡を取り合っている」という
熟語。SNSが普及した現代では、とても
よく使う表現だよ。

Do you want to go bowling with me on Friday?

金曜日、一緒にボウリングに行かない？

＊Do you want to 〜? は「〜しない？」と誘う便利な表現でしたね（p.32）。want toは「ウォナ」「ワナ」、with meは「ウイズ・ミー」ではなく「ウィ・ミ」と発音されます。

in / on

08

ポイント　inは「イン」、onは「オン」とハッキリ発音されず、あいまい母音で両方とも「ァン」くらいに聞こえることさえあります。直後の単語と「くっつく」こともよくあるので、頻出パターンを確認していきます。

inを強形で読むと…

イン

[ín]

inを弱形で読むと…

アン [ən]

onを強形で読むと…

オン [ɑ́ːn]

onを弱形で読むと…

アン [ən]

●inやonは「後ろとくっつくパターン」に気をつける

　inやonは、withと同じく、「後ろとくっつく」パターンに注意が必要です。inやonの直後に母音がくる場合は、その母音とくっついて「ナ」行の音になります。

　たとえば、in itは「イン・イット」→「イニッ」、on itは「オン・イット」→「オニッ」となります（どちらもitの"t"はほぼ聞こえない）。また、in an hourは「イン・アン・アワー」→「イナン・ナワー」となります（in anがくっつく、an hourがくっつく）。

in itやon itの音変化

> in it 「イン・イット」→「イニッ」
>   ＊in it がくっつく／"t" がほぼ聞こえない
> on it 「オン・イット」→「オニッ」
>   ＊on it がくっつく／"t" がほぼ聞こえない

　その他、直後に his や her がきたときにも注意が必要です。his や her は語頭の"h"が消失して「イズ」「ァ」となることがよくあります（p.68、p.75）。その結果、in his は「イン・ヒズ」→「イン・イズ」→「イニズ」、in her は「イン・ハー」→「イン・ァ」→「インナ」となることも多いんです。

　さらに、語頭の"th"も同じく消えることがよくあります。in them「インネム」、on them「オンネム」、in that「イン・ザット」→「インナッ」、on that「オン・ザット」→「オンナッ」といった感じです。

in / on のリスニング練習

A: This soup is delicious. What's in it?

このスープ、とてもおいしいね。何が入っているの？

B: It's made with fresh herbs and vegetables.

新鮮なハーブと野菜で作っています。

＊in itは「イン・イット」→「イニッ」と発音されます。
＊be made with ～ は「～で作られている」で、It'sは軽く「イツ」、with は軽く「ウィス」です。
＊herbは日本語では「ハーブ」ですが、アメリカ英語では「アーブ」と発音するのが普通です。herbs andは「アーブズ・アンド」→「アーブズ・ァン」（andの弱形／p.126）→「アーブズァン」（くっつく）という感じです。

Blake plays golf in his free time.

ブレイクは余暇にゴルフをしています。

＊in hisは「イン・ヒズ」→「イニズ」と発音されます。

> hobbyは、実は「割と本気で時間とお金をかけて行う趣味」に使います。だから、ネットサーフィンをhobbyと言うのは、不自然なんです。代わりにin one's free time「暇なとき」を使って表すのが便利ですよ。

Some words begin with a vowel. In that case, we use "an."

母音で始まる単語もあります。その場合は、"an"を使います。

＊in thatは「イン・ザット」→「イン・アッ」（thatの"th"と語末の"t"が消える）→「インナッ」（in atがくっつく）と聞こえることもよくあります。in that case「その場合は」はよく使う表現です。
＊with aはくっついて「ウイズ・ア」→「ウィズァ」です。

Part **2** 弱形で読まれる代名詞

Part 2 では、youやhe、sheなどの代名詞を見ていきます。代名詞を使うということは、人名を出さないわけですから、さらっと読まれてもごく自然なこと。想像よりさっと短く読まれると知っておきましょう。

you p.52

your p.56

he p.59

she p.62

me p.65

his p.68

him p.72

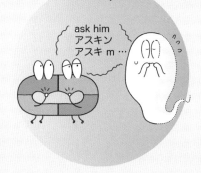

her p.75

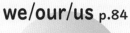

they/their p.78

them p.81

we/our/us p.84

51

弱形で読まれる代名詞①

09

you

> **ポイント** youはあまりに「ユー」のインパクトが強く、弱形の存在は意外に思われるかもしれません。実際に、呼びかけや命令調のときなど強く「ユー」と発音される場面も多いです。それだけに弱形が使われると聞き取れないことがよくあります。

強形で読むと…

ユー [júː]

弱形で読むと…

ユ
[ju]

ヤ
[jə]

●youは「ユ」「ヤ」に聞こえる

to（p.30）のときと同じように、youの強形の母音[uː]は軽くなると、単に[u]や[ə]になります。

you →「ユ」「ヤ」に聞こえるプロセス

①「ユー」

②「ユ」　＊「ユー」[júː]が、弱くなって「ユ」[ju]になる

③「ヤ」　＊「ユ」[ju]があいまい母音[jə]になる

●辞書にya ＝ youと載っている

この弱形を使った有名な例が、**See you.** で、これは「スィー・ヤ」と聞こえます。実際に、**See ya.** と書かれることもあり、辞書に**ya** ＝ **you**と載っています。

つなぎ言葉で使われる**you know**も、**you**が軽く発音されるため、「ヤ・ノウ」と聞こえることも多いです。**y'know**と書かれることもあり、**you**がハッキリ発音されていない証拠と言えます。ちなみに**you know**は日本語の「あの・えっと」のように意味もなく使われることが多く、口癖になっているネイティブも多いです。

また、**you are**（**you're**）は「ユ＋ァ」→「ユァ」「ヤ」になり、これも頻繁に耳にします（**are**の弱形はp.146）。さらに**you**は直前の単語とくっついて、音が「変化する」ことも非常に多いです。次ページ3つめの例文にある**Got you.** で確認しておきましょう。

See ya！

それでね
彼ったら…

ねー
聞いてる？

you のリスニング練習

A：Bye.

バイバイ。

B：See you tomorrow.

じゃあまた明日。

＊See you は「スィー・ヤ」と発音されることが多く、See you tomorrow.／See you later.／See you again. のように「具体的な場所・時間」を入れると自然になります。

＊日本語では「バイバイ」と言いますが、英語でBye-bye. はそれほど使いません（子どもっぽい印象になったりします）。単にBye. とだけ言うのが自然です。

She's waiting for you over there in the backyard.

彼女は向こうの裏庭であなたを待ってますよ。

＊for youは「フォー・ユー」→「フォ・ユ」「フォ・ヤ」となります。

＊She'sは軽く「シズ」です（p.62）。後ろはwait for 〜「〜を待つ」という熟語で、waitingの"g"の音はほとんど聞こえません。

A：Close the window before you leave.

帰る前に窓を閉めてね。

B：Got you.

了解。

＊Got you. は「ガット・ユー」→「ガット・ヤ」（youの弱形）→「ガッチャ」（くっついて音が変化）となり、実際にGotchaと表記されることもあります。意味は、直訳「相手の言っていることを得た」→「理解した・了解」です。カジュアルな会話や海外ドラマなどでよく使われています。

*命令文は「動詞の原形」で始めるのが原則ですが、文頭にYouをつけて「他の人ではなくあなたが！」と強調したり、苛立ちを表したりします。

55

10

your

ポイント youの所有格yourも弱形でよく使われます。「ユアー」「ヨアー」は強形の発音で、普段の会話では軽く「ュァ」「ヤ」くらいになることが多いです。

強形で読むと…

ヨアー [jɔ́ːr]

弱形で読むと…

ユァ [jər]

ヤ [jə]

●you'reとyourの発音は似ている

前項（p.53）でyou are（you're）は「ユ＋ァ」→「ュァ」「ヤ」になると説明しましたが、実はyourの弱形も「ュァ」「ヤ」で、この2つの発音は同じに聞こえることも多々あります。両方とも想像以上にサッと発音されますよ。

＊ you're と your の発音は似ていても、形（後ろにくる単語）や文脈から簡単に判別できるので、心配不要です。

●you・yourは音の「化学反応」を起こす

youやyourは直前の単語とくっついて、音が「変化する」ことも非常に多いです。代表的な2つのパターンを確認しておきましょう。

①[t]・[d]+you

- ・[t]+[j]→[tʃ]　want you「ウォント・ユー」→「ウォンチュー」
- ・[d]+[j]→[dʒ]　And you?「アンド・ユー」→「アンジュー」

②[s]・[z]+you

- ・[s]+[j]→[ʃ]　I miss you.
  「アイ・ミス・ユー」→「アイ・ミッシュ」
- ・[z]+[j]→[ʒ]　This is your 〜
  「ディス・イズ・ユアー」→「ディス・イジュア」

Nice to meet you. を「ナイスト・ミーチュー」と読むのは有名ですね。まずmeet youがくっついて、さらに音が変わっています。そもそも[t]＋[j]は「テュー」という音です。ここから「テュー」→「チュー」に変化しているわけです。

ユァ　ヤ　you're ?　your?

your のリスニング練習

ウエイター：How would you like your eggs?

　　卵はどのように料理いたしましょうか？

客：Sunny side up.

　　目玉焼きで。

＊would youは「ウッド・ユー」→「ウジュ」「ウジャ」(p.112)、yourは軽く「ユァ」「ヤ」です。かなり速くサッと発音されますので、レストランでよく使われるセリフとして知っておきましょう。

How do you want to pay for your items?

（商品の）お支払い方法はいかがなさいますか？

＊do youは軽く「ドゥ・ユ」、want toは「ウォナ」「ワナ」です。そしてyourの弱形は「ユァ」「ヤ」で、for yourは「フォ・ユァ」「フォ・ヤ」となります。
＊単独のHowは「方法（どのような方法で）」を表し、全体の直訳は「あなたはどのような方法であなたの商品の料金を払いたいですか？」です。店員が客に支払い方法を尋ねるときのセリフです。

You can put your belongings over there.

荷物はあちらに置いていいですよ。

＊put yourは「プット・ユアー」→「プッ・ユァ」(putの"t"がほぼ聞こえない)や、「プッチュァ」(put yourがくっついて変化)と聞こえます。

> belongings「持ち物・荷物」はbelong「所属している・
> 〜のものである」の名詞形。「いろいろな持ち物」という
> ことで、複数形belongingsで使われます。

11

he

ポイント heは「ヒー」という印象が強いと思いますが、実際の会話ではそれほど伸ばさず、軽く短く「ヒ」と言うことが多いです。

強形で読むと…

ヒー [híː]

弱形で読むと…

ヒ [hi]

●heは「ヒ」

heの強形には[íː]の音が含まれますが、これは強く伸ばす（口に力を入れる）ため、普段はもっと軽い母音[i]になります。その結果、単に「ヒ」くらいでよく使われるのです。そもそも人名を出さずに「代名詞」で受けるわけですから、代名詞に新しい（大事な）情報は入りません。そのため、代名詞は弱形で発音するのが普通なのです。

●he isは「ヒズ」

he isは「ヒー・イズ」ではなく「ヒズ」と発音されることがよくあります。

he is→「ヒズ」に聞こえるプロセス

①「ヒー・イズ」
②「ヒ・イズ」　＊「ヒー」が弱形「ヒ」になる
③「ヒズ」　　　＊isも弱形「ズ」になる（isの弱形はp.149）

heは文頭にきて強形でハッキリ発音されることもありますが、日常会話では弱形が多用されます。弱形が当たり前だと思っていないと、文の出だしから聞き取れないことになってしまうのです。

また、疑問文ではIs he 〜？「イズ・ヒー」→「イズ・イ」→「イズィ」といった感じに聞こえます。語頭の"h"は消えることが多く、その結果、Is「イズ」とhe「イ」がくっついて「イズィ」となるわけです。

he のリスニング練習

He's not in my contact list.

彼は連絡先リストに入っていません（連絡先に登録され
ていません）。

＊He'sは「ヒー・イズ」→「ヒズ」と発音されます。notは「ナッ」、inは「ン」
くらいにしか聞こえないことも多いです。
＊contact listとは「連絡先リスト」で、Skypeの連絡先情報やLINEのお
友だちのイメージです。contactやlistの語末の"t"はほとんど聞こえません。

He's supposed to come at three.

彼は3時に来ることになっているよ。

＊He'sは「ヒー・イズ」→「ヒズ」です。直後のsupposedとの兼ね合いで、「ヒ」
くらいしか聞こえない場合もあります。
＊supposed toは軽く「サポウズ・トゥ（タ）」といった感じです。be
supposed to ～ は「～すると思われている」→「～する予定だ・～するこ
とになっている・～すべきだ」という表現で、日常会話でとても便利です。
＊atは軽く「ァ」です。

Is he good with numbers?

彼って数字に強い？

＊Is heは「イズ・ヒー」→「イズ・イ」→「イズィ」といった感じです。
＊goodは「グッ」（dが聞こえない）、withは軽く「ウィ」です。

> be good with numbersは、直訳「数字に関して（with
> numbers）よい・得意（be good）」→「数字に強い・計
> 算が速い」という表現です。

12

she

> **ポイント** heと同じく、sheも「シー」と伸ばすイメージをもっていると思います。しかし普段の会話では、強調したいなどの意図がない限り、軽く「シ」と言うことが圧倒的に多いのです。

強形で読むと…

シー [ʃíː]

弱形で読むと…

シ [ʃi]

●疑問文Is she 〜？ の意外な発音

she isは「シー・イズ」ではなく「シズ」と聞こえるのが普通です。he isと同じく、she is「シー・イズ」→「シ・イズ」（sheが弱形「シ」になる）→「シズ」（isも弱形「ズ」になる）と変化するわけです。

また、疑問文Is she 〜？ では「イズ・シー」→「イ・シ」となる場合があります。Isの「ズ」の音が、直後のsheで似た音がきている影響で、ほとんど聞こえないことがあるのです。慣れていないと、疑問

文の出だしがまったく聞き取れずパニックになってしまいますので、
しっかり練習しておきましょう。

●sheは「シー」と「スィー」のどっち？

　sheの[ʃ]の発音を苦手にしている人も多いので、ここで説明して
おきます。[ʃ]は子どもが騒いだときの「シ〜ッ」と言うイメージです。
細かいことを言うと、[ʃ]は日本語「シ」より口を突き出します。

＊ machine[məʃíːn] は「マスィーン」と発音してしまう人もいますが、正しくは
「マシーン」です。ちなみに、[ə] は口ダラ〜ンで、あいまいな音でしたね。「ミシン」
の語源は（sewing）machine で、「マシン」ではなく「ミシン」に聞こえた人も
いたわけです

　一方、[s]は日本語の「サ行」でOKで、[si]は「スィ」という発音です。
"C"は「スィー」[síː]であって「シー」ではありません。seaもseeも
「スィー」[síː]です。つまり、sheは「シー」「シ」、sea・seeは「スィー」
となります。

she のリスニング練習

Becky studied a lot when she was in high school.

ベッキーは高校時代、たくさん勉強した。

＊sheは「シー」ではなく軽く「シ」と発音されることが多いです。
＊「彼女が高校生だったとき」はwhen she was a high school studentでもOKですが、上のようにwhen she was in high schoolのほうがより自然な響きになります。パッと口から出るようにしておきましょう。

Mirai says she's going on a diet next year.

ミライは来年はダイエットをすると言っている。

＊she'sは「シー・イズ」→「シズ」となります。
＊go on a diet「ダイエットをする」という熟語。on aはつながって「オン・ア」→「オナ」となることも多いです。また、dietの"t"はほぼ聞こえません。
＊next yearは「ネクスト・イヤー」→「ネクスティヤ」「ネクスチィヤ」といった感じです。

A：Is she your girlfriend?

彼女？

B：No, she's my sister.

いや、妹だよ。

＊Is sheは「イズ・シー」→「イ（ズ）・シ」と聞こえます。直訳は「彼女（she）はあなたの彼女・ガールフレンド（girlfriend）？」です。girlfriendの語末の"d"はほとんど聞こえません。
＊Bのshe'sも軽く「シズ」と発音されます。

me

> **ポイント** Me, too.「私もです」で発音される「ミー・トゥー」というイメージが強いかもしれません。しかし実際には、he「ヒ」、she「シ」と同じように、meも「ミー」と伸ばすのではなく「ミ」と短く発音されることが多いのです。

強形で読むと…

ミー [míː]

弱形で読むと…

ミ [mi]

●Let meと言うときは、無意識に弱形で発音している

　meは「ミ」なんて聞くと意外に思うかもしれませんが、Let me introduce myself.「自己紹介をさせてください」のように、Let me ～「～させて」はよく使われるので聞き覚えがあるかもしれません。そのときは「レッミ」のようにmeが「ミ」と発音されているはずです。弱形を意識していなくても、「Let meと言うときだけは『ミ』と言っていた」という人も多いと思います。Let の語末の"t"は消えることが非常に多く、let meは「レット・ミー」→「レッ・ミ」となるわけです。こ

の発音を反映した、lemmeというつづりもあるほどです。

●give meの発音は?

p.45で、with me「ウイズ・ミー」→「ウィ・ミ」の発音を説明しました。実は「同じ（似た）子音」で子音が聞こえなくなるだけでなく、"子音＋[m]"のパターンでは子音が消えることがあるんです。

子音＋[m]の例

> [v]+[m]　give me「ギヴ・ミー」→「ギ・ミ」
> [ð]+[m]　with me「ウィズ・ミー」→「ウィ・ミ」

実際、give meは海外ドラマの字幕やテキストメッセージでは、gimmeと略して表記されることもよくあります（辞書にも載っているほどよく使われます）。give meが「ギ・ミ」と発音される証拠ですね。

Gimme chocolate!

me のリスニング練習

My parents are visiting Japan from the UK. Let me introduce them to you.

両親がイギリスから日本にきています。紹介させてください。

＊Let meは「レット・ミー」→「レッミ」です。Let me introduce them to you. の直訳は「彼ら（＝私の両親）をあなたに紹介させてください」。
＊1文目のvisitingの語末の"g"はほとんど聞こえません。

Give me a break!

勘弁してよ！

＊give meは「ギヴ・ミー」→「ギ・ミ」で、全体は「ギミァブレイク」となります。直訳は「私に休み(break)をくれ」で、バカなことを言われて「冗談も休み休み言え・(おいおい)勘弁してくれよ」という感覚で使います。

A:What do you want to do this weekend?

今週末は何がしたい？

B:Give me a sec... I had a place in mind but I forgot.

ちょっと待ってね…。行きたい場所があったんだけど、忘れちゃった。

＊Give meは「ギ・ミ」ですね。Give me a second[sec]. は、直訳「私に1秒与えて」→「ちょっと待ってね」という会話表現です（カジュアルな会話ではsecondをsecと略すことがよくあります）。後ろのhave 〜 in mindは、「〜を心の中にもっている」→「〜を考えている・〜の計画がある」という熟語です。
＊but Iはくっついて「バダイ」「ブダイ」という感じになります(p.135)。forgotの"t"はほとんど聞こえません。

his

14

> **ポイント** hisの "h" の音はよく消えます。"h" の音はそもそも息だけの音（息を「ハー」と吐くときの音）なので、消えやすいとも言えます。その結果、hisは「ヒズ」ではなく「イズ」と聞こえることがよくあるのです。

強形で読むと…

弱形で読むと…

イズ [ɪz]

ヒズ [híz]

●hisのhは発音されないことも

hisが「イズ」と発音されるということは、かなり意外に思うかもしれません。しかし実際には、語頭の "h" の音は他の単語でも発音されないことがよくあります。たとえば、hour「時間」ではhはまったく発音しませんし、herbも「アーブ」と発音することが圧倒的に多いのでしたね（p.49）。

＊ちなみに、「フランス語では h を発音しない」と知っている人もいるかもしれません（Hermes は「エルメス」ですね）。また、日本語でも「私へ」と言うとき、「へ [he]」→「エ [e]」のように h がなくなりますね。

his「イズ」は直前の単語とくっついて、音が変化することもよくあります。たとえば、**about his**は以下のようなプロセスで「アバウディズ」と聞こえることがあるのです。

about his →「アバウディズ」に聞こえるプロセス

①「アバウト・ヒズ」
②「アバウト・イズ」 ＊hisが弱形「イズ」になる（"h"が消える）
③「アバウティズ」 ＊about isがくっつく
④「アバウディズ」 ＊t→dに濁音化

ちなみに**about**の発音は[əbáʊt]です。最初はあいまい母音なのでハッキリ「ア」とは発音せず、かなり弱く聞こえます。場合によってはほぼ聞こえず、「(ア) バウッ」くらいになります（語末の"t"がほとんど聞こえないこともよくあります）。

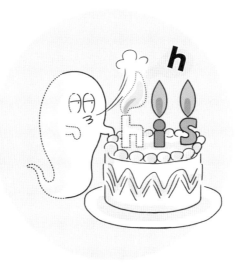

his のリスニング練習

He heard his name being called.

彼は自分の名前が呼ばれているのが聞こえた。

＊heard hisは「ハード・ヒズ」→「ハード・イズ」→「ハーディズ」と聞こえます。
＊文全体はhear OC「OがCするのが聞こえる」の形です。今回は"C"に
being calledがきて、heard his name being called「彼の（自分の）
名前が呼ばれているのが聞こえた」となっています。beingの発音は「ビーィ
ン」です（p.157）。

James would like to tell us about his new project.

ジェームズは彼の新しいプロジェクトについて私たちに
話したがっています。

＊about hisは「アバウト・ヒズ」→「アバウティズ」「アバウディズ」です。
＊would like to ～ は「～したい」という表現です。後ろのtell usは「テル・
アス」→「テル・ァス」→「テラス」となります（usの弱形はp.84）。

Jack took out his phone and put it on silent.

ジャックはスマホを取り出して、マナーモードにした。

＊took out hisは「トゥック・アウト・ヒズ」
→「トゥック・アウト・イズ」（hisが弱形「イズ」）
→「トゥックァウティズ」（took outとout is
がくっつく）と変化します。
＊andは軽く「アン」「ン」です。
＊put it onは「プット・イット・オン」→「プッ
ティッ・トン」（put itとput it onがくっつく）
→「プッディッドン」（t→dに濁音化）となります。

70

71

him

15

> **ポイント** his「ヒズ」→「イズ」と同じように、himも "h" の音が消えることがよくあります。その結果、himは「ヒム」ではなく「イム」と聞こえる場合があるのです。

強形で読むと…

ヒム[hím]

弱形で読むと…

イム[ɪm]

●目的語になるhimは弱形がよく使われる

himが「イム」と発音される、という事実もあまり聞いたことがないかもしれませんが、特に他動詞の後で目的語になるhimでこの弱形が多用されます。たとえば、ask himは「アスク・ヒム」というよりは「アスキム」「アスキン」と聞こえます。次のようなプロセスで変化します。

ask him →「アスキム」「アスキン」に聞こえるプロセス

①「アスク・ヒム」

②「アスク・イム」　＊himが弱形「イム」になる（"h"が消える）

③「アスキム」「アスキン」　＊ask imがくっつく／himの"m"は唇
　　　　　　　　　　　　　　を閉じるので「イン」と聞こえることも

＊「アスキム」と書くと、m「ムゥ」の「ゥ」につられて口を開けてしまうので、カタカナの場合は「ン」と表記したほうがミスが減る傾向にあります（もちろん発音記号が一番です）。

　また、**with**とくっつくパターンにも注意が必要です。p.46で**with his**「ウイズ・ヒズ」→「ウィズ・イズ」→「ウィズィズ」を扱いましたが、**with him**も同じように変化します。「ウイズ・ヒム」→「ウィズ・イム」（**with**と**him**はともに弱形）→「ウィズィム」（くっつく）となるわけです。

＊ with her は次項で扱います。

him のリスニング練習

A:Do you know when he's coming?

　彼がいつ来るのか知ってる？

B:No. Why don't you ask him?

　いや。本人に聞いてみたら？

＊Why don't you 〜? はくっついて「ワイ・ドンチュ」です（直訳「なぜあなたは〜しないのですか？」→「〜したらどうですか？」という提案表現）。
＊ask himは「アスク・ヒム」→「アスキム」「アスキン」です。
＊Aの発言にあるDo youは「ドゥー・ユー」→「ドゥ・ユ」「ドゥ・ヤ」、he'sは「ヒズ」です。また、comingの"g"はほとんど聞こえません。

My son wants me to go to karaoke with him.

息子が私に一緒にカラオケに行ってもらいたがっている。

＊with himは「ウイズ・ヒム」→「ウィズィム」といった感じです。
＊全体はwant 人 to 〜「人に〜してほしいと思う」の形で、to以下にgo to karaoke with himと続いています。karaokeは「キャリオウキィ」といった発音です（アクセントは「オ」の部分）。

電話でのやりとり

A:May I speak to Ryota?

　リョウタはいますか？

B:Hold on. I'll get him.

　お待ちください。おつなぎします。

＊get himは「ゲット・ヒム」→「ゲット・イム」→「ゲッティム」（くっつく）→「ゲッディム（ン）」（t→dに濁音化）と変化します。I'll get him. は「私は彼をゲットしてくる」→「彼を呼んでくる・彼につなげる」ということです。

her

16

herは「ハー」と伸ばすのではなく、まずは「ハ」となり、さらにhim・hisと同じく、語頭の "h" が消えて「ァ」しか聞こえない場合もあります。

強形で読むと…

ハー [hə́ːr]

弱形で読むと…

ハ [hər]

ァ [ər]

●tell herの発音は？

　たとえば、**tell her**は「テル・ハー」ではなく、「テラァ」と聞こえることも多いです。**tell her**「彼女に伝える」という表現が、**teller**「話す人・出納係」という単語の発音とかなり近くなるのです。変化のプロセスは次の通りです。

＊ TOEIC テストなどの資格試験では、こういった「同じ音」「似た音」を使ったひっかけもよく出ますよ。

tell her → 「テラァ」に聞こえるプロセス

①「テル・ハー」
②「テル・ァ」　＊herが弱形「ァ」に／tell herの"h"が消える
③「テラァ」　　＊tell erがくっつく

●「語法」も大きなヒントになる

　tell herのような紛らわしい発音を聞き取るには「語法」も大きなヒントになります。「リスニングが苦手」という人は、実は「文法・語法」に弱点がある場合も多いのです。簡単にtellの語法を確認しておきましょう。

tellの語法　原則：直後に人がくる

☑ tell 人 物 ≒ tell 物 to 人
☑ tell 人 of 物／☑ tell 人 that sv／☑ tell 人 to 原形

＊例外（直後に人がこないもの）：tell a lie「うそをつく」／tell the truth「本当のことを言う」／tell A from B「A と B を区別する」など

her のリスニング練習

I'll tell her what you said.

あなたが言ったことを彼女に伝えておきます。

＊I'llは「アイゥ」「アゥ」、tell herは「テル・ハー」→「テラァ」です。what you saidは「ワッ・ユ・セッ」や「ワッチュ・セッ」（what youがくっついて変化）と発音されます。

＊文全体はtell 囚 物「囚に物を伝える」の形です。囚にher、物にwhat you said「あなたが言ったこと」がきています。

Ashley told her Twitter username to me.

アシュリーは私にTwitterのユーザー名を教えてくれた。

＊told herは「トゥルド・ハー」→「トゥウド・ァ」（herが弱形「ァ」）→「トゥウゥダァ」（くっつく）といった感じです。ちなみに、toldの"l"が「ゥ」くらいにしか聞こえないことはよくあります（p.108）。

＊全体はtell 物 to 囚「物を囚に伝える・教える」の形です（her Twitter usernameが物、meが囚）。Twitterは日本語では「ツイッター」ですが、英語では「トゥイタ」「トゥイダ」と発音されます。また、to meは「トゥー・ミー」→「トゥ・ミ」「タ・ミ」です。

Sabrina came to Japan to be with her boyfriend.

サブリナは彼氏と一緒にいたくて日本に来た。

＊toは軽く「トゥ」「タ」、with herは「ウイズ・ハー」→「ウィズ・ァ」→「ウィズァ」となります。

＊今回の英文は、「遠距離恋愛をしていたけど、サブリナが日本に引っ越してきた」といった状況で使うものです。

77

17

they / their

普段は**they**は「ゼイ」ではなく「ゼ」、**their**は「ゼァー」ではなく「ゼァ」「ザ」くらいに軽く発音されることが多いです。

theyを強形で読むと…
ゼイ
[ðéɪ]

theyを弱形で読むと…
ゼ
[ðe]

theirを強形で読むと…
ゼアー [ðéər]

theirを弱形で読むと…
ゼァ・ザ [ðər]

●they areは軽く「ゼァ」

出だしでよく使われる**they are**は意外と聞き取りに苦労するので、しっかり練習しておきましょう。**they are**は「ゼイ・アー」ではなく、軽く「ゼァ」と聞こえるのが普通です。実は**they're**と**their**はほぼ同じ発音になるのです。

they are →「ゼァ」に聞こえるプロセス

①「ゼイ・アー」

②「ゼ・アー」　＊**they**が弱形「ゼ」になる

③「ゼァ」　　　＊**are**も弱形「ァ」になる／**are**の弱形はp.146

　また、**their**が軽く「ゼァ」「ザ」と発音されることは、英語ネイティブがよく間違える例からもわかります。子どものネイティブ向けの教材には、よく**they're**／**their**／**there**の違いが書かれています。発音がほとんど同じであるため、音から学習した子どもがよく混同してしまうんです。どれも軽く「ゼァ」「ザ」と発音する証拠ですね。

●"th"の発音[ð]は息を「遮断」する！

　theyや**their**の"th"の音は「ゼ」と説明しましたが、正しく発音するには[ð]の音をマスターする必要があります。よく「"th"の音は舌を噛む」と言われます。この「噛む」という表現は、間違いではありませんが、実際には「舌を出して上の歯にくっつける」と考えるといいでしょう。「噛む」と言われると、唇を一瞬噛んだ後、すぐ舌を引っ込めてしまう人が多いですが、歯と舌をくっつけっぱなしにして「遮断」し、歯の間から息が漏れて出る音のイメージが[θ]です。

they/their のリスニング練習

They're very picky eaters.

好き嫌いが激しい子たちだなあ。

＊They'reは「ゼァ」といった感じです。
＊pickyは「選ぶ（pick）性質がある」→「えり好みする・好き嫌いの多い」、eaterは「食べる（eat）人（er）」で、直訳は「彼らは好き嫌いのとても多い食べる人たちだ」です。学校では習いませんが、日常会話で便利ですよ。

I'll bring your meals to your table when they are ready.

お食事ができましたらテーブルまでお持ちいたします。

＊I'llは「アイ・ウィル」→「アイゥ」「アゥ」、yourは「ユアー」→「ユァ」「ヤ」、toは「トゥー」→「トゥ」「タ」、そしてthey areは「ゼァ」です。弱形が大事な単語が詰まっていますので、しっかり練習しておきましょう。

> レストランなどで、ウエイター・ウエイトレスが
> （複数人いる）食事客に使うセリフです。

Some of my friends are thinking of quitting their jobs.

何人かの友だちが仕事を辞めようかと考えている。

＊theirは「ゼアー」ではなく、軽く「ゼァ」「ザ」です。
＊Some of myは「サム・オヴ・マイ」→「サム・アヴ・マイ」→「サマ（ヴ）・マイ」という感じで一気に発音されます。thinking ofもくっついて「シンキング・オヴ」→「シンキンガヴ」となります。quittingの"g"はほぼ聞こえません。

18

them

ポイント themは「ゼム」とハッキリ言わず、あいまい母音で「ズム」といった感じになります。さらに、himやherで語頭の"h"が消えるのと同様に語頭の"th"が消えることもあります。

強形で読むと…

ゼム [ðém]

弱形で読むと…

ズム [ðəm]

エム・アム [əm]

●themは'emと表記されることも

"th"は舌を上の歯にくっつけたまま出す音でしたね。これはネイティブにとっても舌を動かすのが面倒なようで、thの発音を省略することがよくあります。その結果、themは「ゼム」から"th"の音が消えて、「ェム」「ァム」くらいにしか聞こえないことがあるのです。実際、そのまま'emという表記が使われることもあります（海外ドラマの字幕や海外コミックでよく見かけます）。

●on themは"th"が消えて「ナ」行に

on themは「オン・ゼム」が変化して「オンネム」のように聞こえることもあります。変化のプロセスは以下の通りです。

on them → 「オンネム」「オンネン」に聞こえるプロセス

①「オン・ゼム」
②「オン・ェム」　＊themが弱形「ェム」になる（"th"が消える）
③「オンネム」「オンネン」
　＊on emがくっつく／themの"m"は唇を閉じるので「ネン」と聞こえることも

＊ p.48〜49 で、in that「イン・ザット」→「イン・アッ」（that の "th" と語末の "t" が消える）→「インナッ」（in at がくっつく）が出てきました。これも語頭の "th" が消え、くっついて「ナ」行の音になる例ですね。

them のリスニング練習

No matter who comes, tell them I'm not here.

誰が来ても、私はここにいないと言いなさい。

＊tell themは「テル・ゼム」→「テゥ・ェム」「テゥ・ァム」 といった感じです（"l"の音は「ゥ」くらいにしか聞こえないことはよくあります。p.108）。
＊No matter who 〜 は「たとえ誰が〜しても」という表現です（matterは「マダァ」と濁音化することもあります）。今回の英文は、映画などで「誰かから隠れている」ときによく使われるセリフです。

Rina's sunglasses broke when she sat on them.

リナのサングラスは、座った拍子に割れてしまった。

＊on themは「オン・ゼム」→「オン・ェム」→「オンネム」となります。今回は直前のsatともくっついて、sat on them「サットンネム」→「サッドンネム」と聞こえます（t→dに濁音化）。
＊sunglasses「サングラス」はレンズが2枚なので、複数形で使うのが基本です。

Amy took her glasses out and put them on.

エイミーはメガネを取り出してかけた。

＊took herは「トゥック・ハー」→「トゥックァ」、put them onは「プット・ゼム・オン」→「プッ・ズムォン」や「プッ・ェムォン」→「プェムオン」「プネムオン」となります。
＊put onは「体に接触するように（on）置く（put）」→「身につける」という熟語。代名詞は間に挟んで、今回のようにput them onという語順になります（このthemはglassesで、「メガネをかける」ということです）。

we/our/us

> **ポイント** weは「ウィー」と伸ばす印象があるかもしれませんが、普段は軽く「ウィ」と言うことが多いです。また、ourとusの弱形は軽く「アー」「ァス」です。

weを強形で読むと…
ウィー [wíː]

weを弱形で読むと…
ウィ [wi]

ourを強形で読むと…
アウア [aʊər]

ourを弱形で読むと…
アー [ɑːr]

usを強形で読むと…
ァス [ʌ́s]

usを弱形で読むと…
ァス [əs]

●weの聞き取りは意外と難しい

weの聞き取りは難しいと思われていないのですが、実際はかなり難しいんです。特にアメリカ大統領演説を聞いたことがある人ほど、We are ～がハッキリ発音されることに慣れているためか、まさかweが難しいなんて想像もつかないものです。演説の場合、ゆっくりハッキリ発音されますし、「我々（アメリカ国民・人類）は」と力強く発言する場面が多いせいで、聞き取りは簡単なんです。

ところが日常会話では弱形が使われるため、聞き取りが一気に難しくなります。たとえばwe areなら「ウィー・アー」ではなく、軽く「ウィァ」や「ウァ」くらいに聞こえます（areも弱形「ァ」になる）。「we areが聞き取りにくい」という点は実際の英語にたくさん触れていないと気づかない事実なので、見落としがちです。ここで意識して練習しておきましょう。

＊個人的な感想として、you're・he's・she's と比べて、we're・they're は一段と聞き取りレベルが上がる気がします。特に we は日本人の感覚で「ウィー」と思っていると、そことのギャップから苦労するのでしっかり弱形を意識してください。

●直前の単語と「くっつく」ourとus

また、ourとusは軽く「ァー」「アス」といった感じになります。直前の単語と「くっつく」こともよくあるので、次ページで確認しておきましょう。

we/our/us のリスニング練習

We're going to go to the movies tomorrow. Do you want to come?

明日、映画を観に行くんだ。一緒にどう？

＊We'reは軽く「ウィァ」「ウァ」、going to go toは「ガナ・ゴウ・トゥ(タ)」と一気に発音されます。実はwe'reはwereと同じ発音になることがよくあるのです。
＊2文目のDo you want to ～? は「～しない?」と誘う表現で、「ドゥ・ヤ・ウォナ」と一気に発音されます。

We only speak English in our English class.

私たちの英語の授業では、英語しか話しません。

＊Weは軽く「ウィ」です。また、in ourはくっついて「イン・アウア」→「イン・ァー」→「イナ(ー)」くらいに聞こえます。

Please tell us about your trip to Kyoto, Jonathan.

ジョナサン、京都旅行について聞かせてください。

＊tell usはくっついて「テル・アス」→「テル・ァス」→「テラス」となります。
＊about yourも「アバウ・ユァ」や、くっついて「アバウト・ユアー」→「アバウチュァ」となります。toは軽く「トゥ」「タ」です。

> Kyotoは英語では「キョウト」ではなく、「キイオウドゥ」といった感じです (アクセントは「オウ」／t→dに濁音化)。

「大統領の話し方」の巻

大統領のスピーチは聞き取りやすい！

しっかり「ウィーアー（We are）」って言ってるし

We are

それは力強く発言する場面が多いから

普段は軽く「ウィア（We're）」くらいだよ

え！

**We are　ウィーアー
我々は〜**

なるほど…

We're　ウィア

87

Part 3 弱形で読まれる助動詞

Part 3 では、can や have、should、must などの助動詞を確認します。

助動詞には「話し手のキモチを伝える」働きがあり、英会話で大活躍しますので、しっかりマスターしていきましょう。

can p.90

could p.94

Could be.
かもね

have p.97

ジャーン

have

should p.100

must p.104

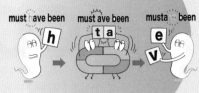

will p.108

would p.111

has p.114

had p.117

do/did p.120

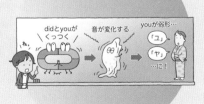

20

can

canは「キャン」という発音で有名ですが、それは強形であって、**実際は「カン」、さらにもっと軽くなり母音[ə]がなくなって「クン」と聞こえます。**

強形で読むと…

キャン[kǽn]

弱形で読むと…

カン
[kən]

クン
[kn]

●canは「キャン」ではなく「カン」「クン」

オバマ元米大統領が連呼した、**Yes, we can.** では「キャン」としか聞こえませんでしたが、これはキャッチフレーズ的に力強く連呼するセリフですし、文末なので強形が使われているわけです。

同様に、日本の英語教材や商品名でcanが使われるときに「キャン」という発音が浸透してしまっているだけに、**canは弱形「カン」「クン」をしっかり意識することが大切です。I can do it.** なら「アイ・クン・ドゥーイッ」といった感じです。

●「キャン」と聞こえたらcan'tかもしれない

　can自体も大事なのですが、これと関連して大事なのが、can'tです。というのも、もし我々の耳に「キャン」と聞こえたら、それはcan'tの可能性大だからです。

　can'tでは語末の"t"がほとんど聞こえないことがよくあり（I can do it. のit「イッ」と同じ現象）、can'tが「キャン」に聞こえるのです。canを「キャン」と思い込んでいると、can't「キャン」をcanと勘違いする可能性があるわけです。

　canとcan'tの識別は次ページで練習しますが、そこでは「弱形」だけでなく、「リズム」の違いも攻略の糸口になります。

＊can'tのような否定形に弱形は存在しません（否定はハッキリ言わないと誤解を招くためでしょう）。

can のリスニング練習

I think we can win the race.

私たちはレースに勝てると思います。

＊canは「キャン」ではなく、軽く「カン」「クン」と発音されます。we can winは「ウィ・カン・ウィン」と一気に発音される感じです。

I can't wait to meet her.

彼女に会うのがすごく楽しみだ。

＊否定のcan'tはハッキリ「キャン」と発音されます。また、語末の"t"が飲み込まれて、「キャン」の後に一瞬タメがあるように聞こえるのも特徴です。
＊wait toは「ウエイト・トゥー」→「ウエイ・トゥ（タ）」、meet herは「ミート・ハー」→「ミー・ハ」や「ミート・ァ」→「ミータ」「ミーダ」です。
＊I can't wait to 〜 は「〜するのを待ちきれない」と覚えていると、日本語の会話でこんな大げさな表現はめったに使わないので、なかなか使いこなせないものです。「〜するのがすごく楽しみ」くらいに考えるといいでしょう。

Where can I buy a Nintendo Switch?

Nintendo Switchはどこで買えるの？

＊Can Iはくっついて「キャン・アイ」→「キャナイ」となります。
＊Whereは「ホウェアー」ではなく、「ウェア」と発音されることが圧倒的に多いです。他にも、whyは「ホワーイ」ではなく「ワイ」、whatは「ホワット」ではなく「ワッ（ト）」です。

GAME

Where can I ~?

93

21

could

> **ポイント** couldは「クッド」のように「ウ」[ʊ́]とハッキリ発音せず、あいまい母音[ə]になることも多いです。その結果、「クド」「カド」くらいに聞こえます。さらに語末の"d"が消えて「ク」「カ」しか聞こえないこともあるのです。

強形で読むと…

クッド[kʊ́d]

弱形で読むと…

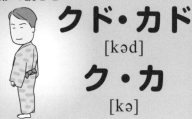

クド・カド
[kəd]

ク・カ
[kə]

●Could be. の発音と成り立ち

たとえば、**Could be.**「かもね」という会話表現では、「クッド・ビー」ではなく、「ク・ビ（ー）」くらいにしか聞こえないのが普通です。

せっかくの機会なので、**Could be.** の発音だけでなく、表現の成り立ちもきちんとおさえておきましょう。過去形Couldとbe動詞でなぜ「かもね」になるのか意味不明ですよね。

canには「ありえる」という意味があり、couldは「もしかしたらあ

りえる」という意味です（助動詞の過去形には「もしかしたら」という仮定のニュアンスが入ります）。本来はIt could be true.「ひょっとしたらそれは真実の可能性がある」で、そこからItとtrueが省略されて、{It} Could be. となったのです。会話で、yesともnoともハッキリ言いづらいときに便利な表現なんです。

英会話やリスニングでは、こういった決まり文句もとても大切です。そもそもこの表現を知らないと、いくらcouldとbeの発音が完璧でも、何のことかわかりませんよね。

●後ろの単語と「くっつく」パターン

また、会話でよく使われるCould you 〜?「〜してくれませんか？」では、Couldのdとyouのyがくっついて「ジュ」「ジャ」のような音になります。

Could I 〜?　　　「クッド・アイ」→「クダイ」
Could you 〜?　「クッド・ユー」→「クジュ」「クジャ」
Could he 〜?　　「クッド・ヒー」→「クディ」

え？
キミって幽霊なの？

Could be.
かもね

could のリスニング練習

You said you could help me clean my room after dinner.

夕食後に私の部屋をそうじするのを手伝ってくれるって
言ったよね。

＊You said youは「ユー・セド・ユー」→「ユ・セジュ」、couldは「クッド」
→「クド」「カド」→「ク」「カ」という感じです。
＊ここでは過去形saidに合わせて、canの過去形couldを使っています。
後ろはhelp 人 原形 「人が〜するのを手伝う」の形です。

A:This must be the hottest day of the year so far.

今のところ、今日が今年一番の暑い日でしょうね。

B:Could be. そうかもね。

＊must beは「マスト・ビー」→「マス・ビ」「ムス・ビ」といった感じです。
後ろのhottestは語末の"t"がほぼ聞こえません。また、ofは弱形で軽く「ァ」
くらいしか聞こえません。
＊Could be.「ク・ビー」です。ここでは、{It} could be {the
hottest day of the year}. から、Itとthe hottest day of the
yearが省略されたとも解釈できます。

Could you please turn on a light?

電気をつけてもらえますか？

＊Could you 〜? は「クジュ」「クジャ」です。助動詞の過去形は仮定のニュ
アンスが入るため、Can you 〜?「〜してくれる？」よりも、Could you 〜?
「もしよろしければ〜してくれませんか？」という感じで丁寧になります。
＊turn on aはくっついて「ターン・オン・ア」→「ターノンナ」となります。
turn onは「電源を回して (turn) スイッチをオンにする (on)」→「(電源・
スイッチを) オンにする・入れる」という熟語です。

22

have

ポイント　him・herで触れた「"h" が消える現象」はhave で起こることもあります。haveのhの音が落ちて「ァヴ」、さらには「ァ」だけ、「ヴ」だけ、ということもあるのです。

強形で読むと…

ハヴ[hǽv]

弱形で読むと…

アヴ[əv]

ア[ə]

ヴ[v]

＊実は「ofの弱形」と同じ発音 (p.22)

●現在完了形のI've は弱形が使われている証拠

　現在完了形の場合はI'veとなることが多いですが、これは弱形「ァヴ」や「ヴ」が使われている証拠と言えます。I haveは「アイ・ハヴ」→「アイヴ」と発音されることがあまりに多いため、I'veと表記するようになったわけです。

＊ちなみに、一般動詞「持つ」では弱形が使われることはほとんどありません。

●could haveはcouldaと表記されることも

"助動詞＋have"のときも弱形で発音します。たとえば**could have**は「クッド・ハヴ」より「クダヴ」「クダ」「クドゥヴ」となるのが普通です。

could haveの発音　＊よく使われるのは☆がついた発音

「クッド・ハヴ」→「クッド・アヴ」	＊could haveの"h"が消える
☆「クダヴ」「カダヴ」	＊could aveがくっつく
☆「クダ」「カダ」	＊couldaveの"ve"が消える
☆「クドゥヴ」「カドゥヴ」	＊couldaveの"a"が消える

　実際に**coulda**と表記されることもあります（辞書でcoulda＝could haveと説明されていることもあります）。could haveが「クダ」としか聞こえないので、couldaと表記されるようにもなったわけです。haveの"h"が消える現象は、辞書にも証拠があると言えますね。

have のリスニング練習

We've decided to buy him a *furoshiki* cloth as a souvenir.

私たちは彼に、おみやげとして風呂敷を買うことに決めた。

＊We'veは「ウィー・ハヴ」→「ウィヴ」となります。'veの音がほとんど聞こえず、「ウィ」くらいになることもあります。

＊decided toは「ディサイディッド・トゥー」→「ディサイディッ・トゥ（タ）」、buy him aは「バイ・ヒム・ア」→「バイムァ」といった感じです。

＊cloth「布」は「クローズ」ではなく「クロース」（thの発音）、as aは「アズ・ア」→「アズァ」「ウザァ」です。souvenir「お土産」は「スーヴェニア」という発音です。日本に詳しい人には*furoshiki*だけでも伝わりますが、直後にclothをつけることで、*furoshiki*が何なのかがわかりやすくなります。

She cannot have told a lie.

彼女がウソをついたはずがないよ。

＊cannot haveは「キャノット・ハヴ」→「キャノット・アヴ」→「キャノッタヴ」「キャノッダヴ」となります。cannot have p.p.「〜したはずがない」という表現です。

＊told aはくっついて「トウルド・ア」→「トウゥダ」と聞こえます。

You could have knocked me down with a feather. （腰が抜けるくらい）驚いたよ。

＊could haveは「クッド・ハヴ」→「クッド・アヴ」→「クダヴ／カダヴ」「クダ／カダ」「クドゥヴ／カドゥヴ」です。

＊with aは「ウイズ・ア」→「ウィザ」です。

> 直訳は「羽根1枚を使えば（with）私をノックダウンすることができるくらいだった（それぐらい腰が抜けた・驚いた）」。決まり文句として使われるよ。

should ²³

> **ポイント** shouldは「シュッド」というよりは、弱形ではあいまい母音になって「シュド」「シャド」のような感じに聞こえます。また、語末のdがほとんど聞こえず、「シュ（ッ）」や「シャ（ッ）」となることも多いです。

強形で読むと…

シュッド [ʃʊ́d]

弱形で読むと…

シュド・シャド
[ʃəd]

シュ・シャ
[ʃə]

●should haveの発音をしっかりチェック

shouldの弱形のなかでも、特によく使われるshould haveは注意が必要です。「シュッド・ハヴ」が変化して、「シュダヴ」「シュダ」「シュドゥヴ」のように聞こえます。

should haveの発音 ＊よく使われるのは☆がついた発音

> 「シュッド・ハヴ」→「シュッド・アヴ」
> ＊should haveの"h"が消える

☆「シュダヴ」	＊should aveがくっつく
☆「シュダ」	＊shouldaveの"ve"が消える
☆「シュドゥヴ」	＊shouldaveの"a"が消える

　最後の「シュドゥヴ」がshould'veと表記されるわけです。みなさんは「should'veと書く→シュドゥヴと発音する」と習ったと思いますが、本当は逆の発想で「シュドゥヴと発音する→その発音に合わせてshould'veと書く」のです。

> アメリカ人の中にはshould have p.p. をshould of p.p. と書いてしまうミスをする人もいるようです。これも「haveがofくらいにしか聞こえない」証拠ですね。

　特にshould have beenのときは、"ve"と"b"が似ているので"ve"も消えて、haveはもはや「ァ」としか発音されず、should have beenが「シュダ・ビン」になります（beenの弱形は軽く「ビン」です）。辞書でも"shoulda = should have"と説明されることがあります。この発音を意識して英文を読んでみると、一瞬でカッコいい英語らしい発音になりますよ。

should のリスニング練習

You should try this pie.

このパイ食べてみなよ。

＊shouldは軽く「シュ（ッ）」「シャ（ッ）」という感じです。

shouldは「～すべき」という印象が強いかもしれませんが、実際の会話では「～したほうがいいよ」と軽く提案したり、オススメしたりするときにも使えます。

I should've seen a doctor.

医者に診てもらうべきだったなあ。

＊should'veは「シュダヴ」「シュダ」「シュドゥヴ」です。should have p.p.「～すべきだったのに」という後悔を表す表現です。
＊seen aはくっついて「スィーン・ア」→「スィーナ」となります。

She should have been a little more careful.

彼女はもうちょっと注意すべきだったのに。

＊should have beenは「シュッド・ハヴ・ビーン」→「シュッド・ア・ビン」→「シュダ・ビン」となります。
＊littleは「リトル」というより、「リドゥ」といった感じです。t→dに濁音化し、2つめの"l"は「ゥ」くらいに聞こえます。

24

must

ポイント 日本語で「マストアイテム」「○○はマストだよね」
と使われていますが、これは強形の発音です。普段はあいまい
母音で「ムストゥ」くらいに聞こえるのです。さらに語末の"t"
が消えて「ムス」としか聞こえないこともあります。

強形で読むと…

マスト[mʌ́st]

弱形で読むと…

ムストゥ
[məst]
ムス
[məs]

●「母音とくっつく」パターンにも注意

mustの直後に母音で始まる単語がくると、tと母音がくっつくこと
もあります。たとえば、**must arrive**なら「ムストゥ・アライヴ」→「ム
スタライヴ」となります。

＊否定の **mustn't** では強形で発音されます。can「カン」「クン」・can't「キャ
ン（トゥ）」と同じ関係で、肯定文では must が軽く「ムス（トゥ）」、否定文ではハッ
キリ「マスン（トゥ）」と発音されるわけです。

●must have beenは「ムスタ・ビン」に聞こえる

　前項でshould have beenが「シュダ・ビン」になると説明しましたが、**must have been**も同様に変化して「ムスタ・ビン」と聞こえます。「マスト・ハヴ・ビーン」なんて思っていると聞き取れませんので、しっかり確認しておきましょう。

must have been →「ムスタ・ビン」に聞こえるプロセス

①「ムスト・ハヴ・ビーン」

②「ムスト・ァヴ・ビン」　＊must have beenの"h"が消える／
　　　　　　　　　　　　　　 beenは弱形「ビン」(p.156)

③「ムスタヴ・ビン」　　　＊must aveがくっつく

④「ムスタ・ビン」

　＊mustave beenの"ve"と"b"が似ているので"ve"が消える

＊この表現では must は強形になることも多いですが、みなさんが想像する音とはかなり異なるので、ここで確認しておきましょう。

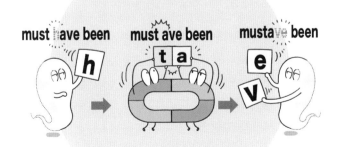

must のリスニング練習

Oh, it's already eight. I must be going.

あっ、もう8時だ。帰らなくちゃ。

＊mustは軽く「マス」「ムス」くらいに聞こえることが多いです。I must be going.は「おいとましなければなりません・失礼いたします」という会話でよく使う表現です。
＊eightの"t"、goingの"g"は、ともにほとんど聞こえません。

A：You must try sea urchin sushi. It's the best!

ウニのお寿司をぜひ食べてみてよ。最高だよ！

B：Are you sure? It looks…strange.

本当？ なんか…見た目が変なんだけど。

＊mustは軽く「マス」「ムス」くらいに聞こえることが多いです（「絶対に〜してね」と強調したい場合は、強形でハッキリ「マスト」と強く読みます）。「〜しなければならない」という訳語が有名ですが、今回のようにオススメするときにも使えます（p.102の1つめの例文で扱ったshouldと似た感覚）。
＊Are you sure? は、「アー・ユー・シュアー」→「ア・ユ・シュァ」くらいに素早く発音されます。直訳は「あなたは確かですか？」→「本当？・マジで？」で、Really? と同じ感覚で使える便利な表現です。

The computer must have been unplugged.

そのパソコンは、コンセントにつながれていなかったに違いない。

＊must have beenは「ムスタ・ビン」です。must have p.p. 「〜だったに違いない」という、「過去」のことを「今」予想する表現です。

25

will

ポイント willは強く「ウイル」と発音されることはほぼなく、実際には軽く「ゥ」くらいにしか聞こえないことが多いです。特にI'llの発音は苦労しがちです。

強形で読むと…

ウイル[wíl]

弱形で読むと…

ウゥ・ゥ
[wəl][əl]

●willの弱形は「ウゥ」「ゥ」

　"l"の発音は「ル」と表すのがわかりやすいのですが、実際には「ゥ」と聞こえることが多いので（milkなら「ミルク」よりも「ミゥク」）、willの弱形は「ウル」よりも「ウゥ」と表しました。さらにwillの"ll"だけが発音されて、「ゥ」しか聞こえないことも多々あります。

＊"l"が語頭にくるとハッキリ聞こえる[l]の音が出ますが、語中や語末にくるとこもった[l]の音が出ます。これは専門的には「暗い[l]」などと説明されることもありますが、この違いにあまり神経質になる必要はありません。

●I'llは軽く「アィゥ」「アゥ」

I willの短縮形I'llはよく目にすると思います。まさに「willをきちんと発音するつもりがないから、くっつける」という発想で短縮形になっています。つまり、逆に言えば「きちんと聞こえないのが当たり前」ということなんです。

I'llは「アイル」とハッキリ言うのではなく、軽く「アィゥ」という感じになります（さらに「アゥ」としか聞こえないこともあります）。非常によく使われるわりに、意外と聞き取りに苦労するので、次ページで練習しておきましょう。

また、普段の会話では、否定形will notは短縮されたwon'tが使われます。語末の"t"はほぼ聞こえず、「ウォン」という感じになるのが普通です。

will のリスニング練習

I'll have the Classic Caesar Salad.

クラシック・シーザーサラダを1つ。

＊I'llは軽く「アイゥ」「アゥ」です。直訳は
「私はクラシック・シーザーサラダを持つ」
で、レストランで注文するときに使うセリフ
です。buy「買う」は直接的すぎるので、買
い物するときにはhaveやtakeが便利です。

＊ちなみに、I'll 〜 は「その場で決めた
こと」、I'm going to 〜 は「あらかじめ
決めていたこと」に使います。「お店でメ
ニューを見てその場で決めた」場合には
willを使うわけです。

The machine won't turn on.

機械の電源が入らないんだ。

＊won'tは「ウォン」という感じです（語末の"t"はほぼ聞こえない）。
＊willは本来「100%必ず〜する」というイメージで、won'tは「100%必ず
〜しない」→「絶対に〜しない・どうしても〜しない」の意味があります。文法
書では「拒絶」と呼ばれる用法です。
＊turn onはくっついて「ターン・オン」→「ターノン」です。

Will you go outside tomorrow?

明日は外出するの？

＊Will you 〜? は「ウイル・ユー」→「ウィユ」「ウィヤ」といった感じです。
Will you 〜? 「〜してくれますか？」という依頼表現として習ったかもしれ
ませんが、今回のように単に「相手に予定を聞く」ときにも使えます（依頼表現
としては「〜してくれる？」といった感じで、タメ口・軽い命令調になることが
多い）。
＊outsideの"t"や"de"はほとんど聞こえないことも多いです。

26

would

wouldの弱形は[ʊ]と発音するのではなく、あいまい母音[ə]で「ゥドゥ」「アド」といった感じになります。これはわりと強形に近いですが、実際には"d"だけで「ドゥ」と聞こえることも多いです。

強形で読むと…

ウッドゥ [wʊ́d]

弱形で読むと…

ウドゥ・アド
[wəd][əd]

ドゥ
[d]

●I'd like to～「～したい」は会話で超便利

I'll同様、wouldも短縮形I'dが有名です。これもwouldは弱形「ドゥ」が頻繁に使われる証拠と言えますね。特にI'd like to ～「～したい」は会話で超便利な表現で、たとえば海外旅行で何か困ったときなど、パッと英語が出てこいないときにはI'd like to ～ が使えないか考えてみてください。

＊「～を貸してください」→「～を使いたい」、「～が壊れました」→「～が欲しい」、「～を教えてください」→「～を知りたい」など、全部、自分視点で「～したい」と言い換えれば言いたいことは伝わりますね。

111

また、**would**は語末の"**d**"が聞こえずに「ウッ」「ワッ」だけになったり、後ろとくっついて**Would you**「ウッド・ユー」→「ウジュ」「ウジャ」と変化したりもします。

●wouldn't haveの発音は？

could haveやshould haveと同じように、**would have**も「ウッド・ハヴ」→「ゥダヴ」「ゥダ」「ゥドゥヴ」とよく発音されます。ここではさらに、否定の**wouldn't have**も確認しておきましょう。

wouldn't have →「ゥドゥンナヴ」に聞こえるプロセス

---

①「ゥドゥントゥ・ハヴ」

②「ゥドゥン・アヴ」　＊wouldn'tの"t"が聞こえない／
　　　　　　　　　　　　haveが弱形「アヴ」に

③「ゥドゥンナヴ」　　＊wouldn aveがくっつく

would のリスニング練習

I'd like to speak to Mr. Fujita.

フジタさんとお話ししたいのですが。

＊I'dは「アイドゥ」で、I'd like to ～「～したい」という表現です。ちなみに、助動詞の過去形wouldには「もしよろしければ」という仮定のニュアンスが入るため、want to ～「～したい」よりも、would like to ～「もしよろしければ～したいです」のほうが丁寧になります。
＊2回出てくるtoはどちらも軽く「トゥ」「タ」です。

Would you mind if I invited Cynthia?

シンシアを招待してもよろしいですか？

＊Would youは「ウッド・ユー」→「ウジュ」「ウジャ」です。
＊mindは「嫌がる」という意味で、Would you mind if I ～？ は直訳「もし私が～すれば、あなたは嫌がりますか？」→「～してもよろしいですか？」という許可を求める表現になります（Wouldの影響で、過去形invitedになっています）。
＊ちなみに、返答で「OKだよ」と伝える場合は、「嫌じゃない」ということでNot at all. などを使います。

I wouldn't have succeeded without the support of my family and friends.

家族や友人のサポートがなければ、私の成功はなかったでしょう。

＊wouldn't haveは「ゥドゥントゥ・ハヴ」→「ゥドゥンナヴ」です。
＊全体はI wouldn't have p.p. without ～「もし～がなかったら、私は…しなかっただろう」という形です。"S would have p.p. if s had p.p." は「仮定法過去完了」と呼ばれる用法で「過去の妄想」を表します。今回はこのif ～ がwithout ～ で代用されているイメージです。
＊support ofは「サポート・オヴ」→「サポータヴ」、andは軽く「ァン」「ン」です。

27

has

> **ポイント** haveが「ハヴ」→「ァヴ」と変化するのと同じく、hasも「ハズ」→「ァズ」のように語頭の"h"が消えることはよくあります。さらには、最後の「ズ」しか聞こえない場合さえあるのです。

強形で読むと…

ハズ[hǽz]

弱形で読むと…

ァズ
[əz]

ズ
[z]

●「ヒ・ズ」しか発音しないからHe'sと表記される

　（本動詞として）「持つ」という意味で使われる場合はハッキリ「ハズ」と聞こえるのが普通ですが、助動詞として使われる場合（現在完了形"has p.p."など）は、has「ハズ」→「ァズ」「ズ」くらいになります。

　その証拠として、He hasが短縮されてHe'sと表記されることがあります。He'sを見ると、He isの短縮形と思いがちですが、実はHe hasのこともあります。He hasは「ヒ・ズ」しか発音しない、という発想からHe'sと表記できるわけです。

He'sは、頻度としてはHe has よりHe isのほうが圧倒的に多いですが、He's just been to 〜 とあれば、He has just been to 〜 のことだとわかりますね。

●hasn't itは「ハズニッ」

　否定の**hasn't**では語末の"**t**"がほぼ聞こえず、「ハズン」となります（否定なので「ハズ」の部分はハッキリ聞こえます）。さらに**hasn't it**だと「ハズンティッ」「ハズンディッ」や「ハズニッ」と聞こえます。

hasn't it →「ハズニッ」に聞こえるプロセス

①「ハズント・イット」
②「ハズン・イット」　　＊hasn'tの"t"が聞こえない
③「ハズンニット」　　　＊hasn itがくっつく
④「ハズニッ」　　　　　＊hasnitの"t"が聞こえない

ジャン！

has

has のリスニング練習

He's just been to the airport to see his uncle off.

彼はちょうど、おじさんを見送るために空港に行ってきたところです。

＊He'sはHe hasのことで、「ヒー・ハズ」→「ヒ・ズ」です。
＊beenは軽く「ビン」「ベン」、been toはくっついて「ベンタ」「ベンダ」（t→dに濁音化）や、「ベナ」（tが消えてbeen oがくっつく）と聞こえます。have just been to 〜「ちょうど〜に行ってきたところだ」です。
＊後ろはsee 人 off「人を見送る」という熟語です。see hisは「スィー・ヒズ」→「スィー・イズ」→「スィーズ」と聞こえます。

The rental car has been returned, hasn't it?　そのレンタカーって、返却されたよね？

＊has beenは軽く「ァズ・ビン」です。have been p.p.「〜された」という現在完了形＋受動態です。
＊hasn't itは「ハズント・イット」→「ハズンティッ」「ハズンディッ」「ハズニッ」と聞こえます。〜, hasn't it?「〜ですよね？」という付加疑問文です。

A：Why does Ken leave work so early?

なんでケンはこんなに早く（職場から）帰るの？

B：Because he has to pick up his kids from daycare.

保育園に子どもを迎えにいかなきゃいけないからだよ。

＊has to 〜「〜しなければならない」は「ハス・タ」と発音されます。
＊pick up hisはくっついて「ピック・アップ・ヒズ」→「ピッカッピズ」です。pick upは本来「拾い（pick）上げる（up）」で、ここでは「子どもを保育園で拾い上げる」→「迎えに行く」という意味です。

116

28

had

> **ポイント** have「アヴ」やhas「アズ」と同じく、hadも語頭の"h"が消えることが多いです。また、最後のdだけで「ド」くらいにしか聞こえないこともよくあります。

強形で読むと…

ハッド[hǽd]

弱形で読むと…

アド
[əd]

ド
[d]

●過去完了形の場合は弱形で発音する

　「持っていた」と明確に意味を表す場合は強形ですが、過去完了形（had p.p.）の場合は弱形で発音するのが普通です。たとえば、過去完了形のI hadは「アイ・ハッド」ではなく、「アイド」くらいにしか発音されません。その結果、短縮形でI'dと表記されることが多いのです。

＊I would も短縮形 I'd で使われるのでしたね（p.111）。ただし、後ろの形はまったく違うので判別は簡単です。I'd（I would）の後ろには「動詞の原形」が、過去完了形でI'd（I had）の場合には「過去分詞形」がきます。

【参考】「完了形」を整理する

　過去完了形（**had p.p.**）の理解があいまいな人のために、「完了形」を簡単に整理しておきます。現在完了形（**have p.p.**）は「継続／完了・結果／経験」という３つの用法を習いますが、大事なのはイメージをつかむことです。現在完了形は「過去～現在をつないだ“線的”な時制」で、「現在までの矢印」をイメージしてください。

　これを、過去のほうに「カット＆ペースト」すれば過去完了形ができあがります。つまり、現在完了形は「現在の一点までの矢印」ですが、過去完了形は「過去の一点までの矢印」を表すわけです。未来完了形は「未来の一点までの矢印」です。

完了形のイメージ

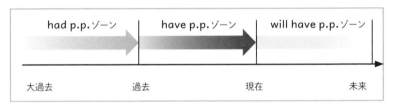

had p.p. ゾーン	have p.p. ゾーン	will have p.p. ゾーン
大過去	過去　　　　現在	未来

ジャジャジャ―――ン

had

had のリスニング練習

I had never gone to Tokyo until I was 20.

僕は20歳になるまで、東京に行ったことがなかったんだ。

＊hadは「ハッド」ではなく「アド」「ド」です。toは軽く「トゥ」「タ」です。

＊過去完了形 (had p.p.) で、ここでは「20歳になった」という過去の一点までの経験を表しています。

＊20は「トゥエンティ」→「トゥエニィ」となることが多いです。[nt]の[t]は聞こえないことがよくあり、たとえばInternetは「インターネット」→「イナネッ (ト)」、internationalは「インターナショナル」→「イナナショナル」となります。

William came home tired. He'd been studying in the library all day.

ウィリアムは疲れて帰ってきた。図書館で一日中勉強していたのだ。

＊He'dは「ヒー・ハッド」→「ヒ (ド)」です。今回はdさえもほぼ聞こえず、He'd been「ヒ(ド)・ビン」という感じになります。

＊had been -ingで「過去の一点までの継続」を表しています (過去完了進行形と呼ばれる用法)。「疲れて帰ってきた」という過去の一点まで「ずっと勉強していた」ということです。

＊1文目はWilliam came homeで文が完成していますが、tiredでその時の状態を表しています。

I wish Justin had said no.

ジャスティンに断ってほしかったのに。

＊had saidは「ハッド・セド」→「アド・セッド」→「ァ・セ」や「ハ・セ」という感じです (ともに語末の"d"はほぼ聞こえません)。

＊全体はI wish s had p.p.「あのとき〜だったらなぁ」という仮定法の表現です。主節wishより「1つ前の時制」を表すとき、後ろはhad p.p.の形になります。

119

do/did ²⁹

ポイント Yes, I do. で「ドゥー」とハッキリ言う印象が強いかもしれませんが、普段の会話では「ドゥ」「ダ」「ド」といった感じでサッと発音するのが普通です。**did**も「ディッドゥ」ではなく、普段は「ディド」「ダド」「ド」と聞こえます。

doを強形で読むと…
ドゥー
[dúː]

doを弱形で読むと…
ドゥ　ダ　ド
[du]　[də]　[d]

didを強形で読むと…
ディッドゥ [díd]

didを弱形で読むと…
ディド　ダド　ド
[dɪd]　[dəd]　[d]

●What do youはwhaddayaと書かれることも

たとえば、**What do you**は「ホワット・ドゥー・ユー」ではなく、「ワッドゥユ」「ワッダヤ」のように発音されます。洋画やアニメの字幕では、この発音を反映して**Whaddaya**と書かれていることもよくありますよ。

What do you →「ワッドゥユ」「ワッダヤ」になるプロセス

①「ワット・ドゥー・ユー」　＊**What**は「ホワット」ではなく「ワット」

②「ワッ・ドゥー・ユー」　＊Whatの語末の"t"が聞こえない

③「ワッドゥユ」「ワッダヤ」

　＊doが弱形「ドゥ」「ダ」に／youが弱形「ユ」「ヤ」に (p.52)

また、**Did you**はくっついて「ディジュ」「ディジャ」のように変化します。**Could you**「クジュ」「クジャ」や**Would you**「ウジュ」「ウジャ」と同じ現象です。

did you →「ディジュ」「ディジャ」に聞こえるプロセス

①「ディッドゥ・ユー」

②「ディデュー」　＊Didは弱形「ディド」／**Did you**がくっつく

③「ディジュー」　＊音が変化する

④「ディジュ」「ディジャ」　＊youが弱形「ユ」「ヤ」に (p.52)

What do youと同じく、**What did you**も「ワット・ディッドゥ・ユー」→「ワッ・ディドゥ・ユー」→「ワッディジュ」「ワッディジャ」と聞こえるわけです。次ページでしっかり練習しておきましょう。

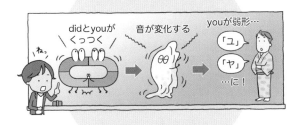

do/did のリスニング練習

How do you like your steak done?

ステーキの焼き加減はいかがなさいますか?

＊do youは軽く「ドゥ・ユ」「ダ・ヤ」、like yourはくっついて「ライク・ユ
アー」→「ライキュア」となります。
＊海外のレストランでは、このように「ステーキの焼き加減」を聞かれることも
非常に多いです(卵料理についてもよく聞かれるのでしたね。p.58)。rare(レ
ア・生焼き)、medium(ミディアム・ふつうに焼く)、well-done(ウエルダン・
しっかり焼く)などと答えればOKです。

What do you mean by that?

それってどういう意味?

＊What do youは「ワッドゥユ」「ワッダヤ」という感じ、thatの"t"はほ
とんど聞こえません。
＊What do you mean by that? は、相手の話を受けて「それによって
あなたは何を意味しているの?」→「それってどういう意味?」となります。相
手に聞き返すときに使える便利な表現です (What do you mean? 「ど
ういう意味?」だけでもOK)。

What did you do over the weekend?

週末は何をしましたか?

＊What did youは「ワッディジュ」「ワッディジャ」という感じです。
＊リスニング対策で「文頭の疑問詞を聞き取ろう」とよく言われますが、文頭
の疑問詞に苦労する原因の一つは、実は「直後にきた単語に惑わされる」こと
があります。この例文で言えば、did youでパニックになった結果、聞き取れ
ていたはずのwhatを忘れてしまうことがよくあるわけです。

> 英語圏では「週末の過ごし方」を共有したがることが日本よ
> り圧倒的に多いです。「週末はどう過ごす?」「この前の週
> 末は何をした?」など、挨拶のように頻繁に使われますよ。

「週末は何してた？」の巻

……

何してるの？

あー
また聞き取れなかった！

話しかけないでよ　もーっ

文頭の疑問詞を聞こうと
がんばってたんだよ！

文頭もだけど
次にくる単語に
惑わされないことも
大事なんだよ

それはそうと…
**What did you do over
the weekend?**
（週末は何をしてたの？）

あっ
聞き取れないんだっけ

週末の話
どころじゃ
ないんだよ

聞き取れてる
じゃん

Part 4

弱形で読まれる
接続詞、その他

Part 4では、andやbut、orなどの接続詞やareやamなどのbe動詞をご紹介。
日常会話でも頻繁に登場する単語なので、おさえておけば、リスニング力もグンと上がること間違いありません。

and p.126

ham n eggs

rock n roll

or p.130

Soup or salad?

but p.134

but
ブッ

but I
ブダイ

but you
バチュ

because p.137

some/any p.140

there p.143

am/are p.146

is p.149

be p.152

been p.156

30

and

> **ポイント** andは「アンド」ではなく、「ァン」「ンド」「ン」と発音されるのが普通です。このandは日常の中のいろいろな場面で使われています。

強形で読むと…

アンド[ænd]

弱形で読むと…

アン[ən]
ンド[nd]
ン[n]

●「ロックンロール」の「ン」の正体は？

　rock 'n' roll「ロックンロール」という単語は、本来rock and rollでしたが、andを「ン」と発音して「ロック・ン・ロール」と読むのが普通です。andは「アンド」ではなく、もはや「ン」としか発音されないので、「もうこの際、綴りも"n"だけでいいだろう。まあ、andの省略の目印としてアポストロフィをつけて'n'としよう」となったのがrock 'n' rollなんです。

　他にも、ham and eggsは「ハム・ン・エッグズ」と発音されま

す（くっついて「ハム・ンネッグズ」という感じに聞こえることも）。それが日本人の耳には「ハムエッグ」と聞こえた（「ン」が聞き取れなかった）のでしょう。gin and tonic「ジントニック」も、cut and sewn「カットソー（長袖のTシャツ）」も同じようにandが聞き取れなかったのでしょう。

●"go 原形"の形でも証明できる

go and buy ～「～を買いに行く」は、普段の会話ではandが完全に消えてgo buyになることも多いです。たとえば、Let's go buy some food.「食料を買いに行こう」のようによく使われます。go buyなんて形は文法的に完全な間違いですが、実際には普通に使われるんです。その理由は（自説ですが）、andが「ン」としか発音されない→ネイティブ同士でもandがハッキリ聞き取れない→andを省略するようになった、ということだと思います。この"go 原形"の形からも、andが「ン」としか発音されないとわかるわけです。

and のリスニング練習

I cook and watch YouTube at the same time.

僕は料理をしながらYouTubeを見ます。

＊andは「アンド」ではなく、軽く「ァン」や「ン」くらいです。
＊YouTubeはアメリカでは「ユーチューブ」ではなく、「ユー<u>テュ</u>ーブ」のように発音されます（イギリスでは「ユーチューブ」でOK）。
＊at theは「アット・ザ」→「アッザ」くらいに聞こえます。

A：What can I get you?

ご注文は何になさいますか？

B：I'll have the fish and chips.

フィッシュアンドチップスで。

＊I'llは軽く「アイゥ」「アゥ」、fish and chipsは「フィッシュ・アンド・チップス」→「フィッシュ・ン・チップス」くらいに発音されます（実際にfish 'n' chipsと表記することもあるほどです）。
＊What can Iは「ホワット・キャン・アイ」→「ワッ・キャナイ」、get youは「ゲット・ユー」→「ゲッチュ」です。get 人 物「人に物を与える」の形で、直訳「私はあなたに何を与えることができますか？」→「何をお持ちしましょうか？・ご注文は何になさいますか？」となります。レストランで店員が言うセリフです。

My wife and I drive to work every day.

妻と私は毎日、車で仕事へ行きます。

＊and Iは「アンド・アイ」→「ァン・アイ」（andが弱形「ァン」）→「ァンナイ」（an Iがくっついて「ナ」）となります。
＊英語では、人称代名詞の順番は「2人称→3人称→1人称」が自然なので、今回はMy wife and Iとなっています。「相手を立てるので2人称が一番先、自分はへりくだるので一番最後、3人称はその間」という感覚です。

129

31

or

ポイント orは、クイズ番組で "A or B" のようによく使われることからも「オワ」「オアー」という発音がすっかり定着してしまっています。しかし、**実際の日常会話では、「オー」や「ァ」が普通です。**

強形で読むと…

弱形で読むと…

オー
[ɔ:]

ァ
[ər]

オアー [ɔ́:r]

●orの弱形「ァ」はherやareの弱形とほぼ同じ音

「オワ」「オアー」という発音が定着したのは、先のクイズ番組 "A or B" のほか、ハロウィンの "Trick or treat!"(いたずらされたくなければお菓子をおくれ!)なども影響しています。しかし、繰り返しになりますが、日常会話では「オー」や「ァ」と発音されます。

実はorの弱形「ァ」は、herの弱形「ァ」(p.75)やareの弱形「ァ」(p.146)とほぼ同じ音になるんです。さらにこのorが、A or BのAにきた単語とくっつくことがよくあります。

●「スーパーサラダ」って？

昔から英語の先生が持ちネタのように使うものとして、レストランで使われる**Soup or salad?**「スープにしますか？　それともサラダにしますか？」が、「スーパーサラダ（**Super Salad**）」に聞こえる、という話があります。**or**は「オアー」ではなく軽く「ァ」と発音されるため、**Soup or**が「スープ・ァ」→「スーパァ」と聞こえるわけです。結果的に**super**と同じ音になり、「スーパーサラダ」と聞こえるのです。

soup orの発音

[súːp] ＋ [ər] → super[súːpər]と同じ音になる

ちなみに、海外では「スープとサラダが並列される」ことがよくあり、あらかじめ食文化の違いとして知っておくといいでしょう。ここでは発音の解説として利用しましたが、実際にはこういった表現は発音というよりも、文化の違いや状況別の定番のセリフとして知っておくと便利です。

Soup or salad?

or のリスニング練習

Trick or treat!

いたずらされたくなければお菓子をおくれ！

＊orをハッキリ「オアー」と言うこともありますし、弱形でTrick orが「トゥリック・ァ」→「トゥリックァ」のように発音されることもあります。

> Trick or treat!は「お菓子をくれなきゃいたずらしちゃうぞ！」とよく訳されますが、これではいたずらがメインみたいなので、「いたずら（trick）されたくなければお菓子（treat）をおくれ」と訳したほうが英語の意図が明確になります（英語の順番にも合致します）。

Would you like soup or salad?

スープにしますか？　それともサラダにしますか？

＊orは軽く「ァ」です。海外のレストランでよく使われるセリフです。
＊Would youは「ウッド・ユー」→「ウジュ」「ウジャ」です。

Do you take a shower in the morning or at night?

朝と夜、どちらにシャワーを浴びますか？

＊or at nightは「オアー・アット・ナイト」→「オァ・ア・ナイ」（orは弱形／atとnightの語末の"t"はほぼ聞こえない）、「オァ・ナイ」（or atがくっつく）という感じです。
＊take aはくっついて「テイク・ア」→「テイカ」です。

32

but

> **ポイント** butは「バット」というイメージが強いと思います が、これは強形の発音です。普段の会話ではあいまい母音 で、「ブット」くらいに聞こえます。さらに語末の "t" が消えて、 「ブッ」としか聞こえないことも多いのです。

強形で読むと…

バット[bʌ́t]

弱形で読むと…

ブット
[bət]

ブッ
[bə]

●あいまい母音がポイント

butは口を大きく開けて「ア」と言うのではなく、口を半開きにして、 ダラ〜ンとした状態で「ア」と言うイメージです。その結果、「バット」 というよりは「ブット」のように聞こえることがよくあるわけです。

また、「ブッ」くらいにしか聞こえないことも多いです。butに限らず、 語末の "t" は消えることが非常に多いのでしたね。想像以上に短く発 音されるので、しっかり慣れておきましょう。

●but Iは「バダイ」「ブダイ」

butは語末の"t"が消える以外に、直後の単語とくっついて音が変化する場合もあります。たとえば、but Iは以下のように変化します。

but I →「バダイ」「ブダイ」に聞こえるプロセス

①「バット・アイ」「ブット・アイ」	＊butが弱形
②「バタイ」「ブタイ」	＊but Iがくっつく
③「バダイ」「ブダイ」	＊t→dに濁音化

but Iがくっついて、「タ」行が「ダ」行に変化した結果、「ブダイ」のように聞こえるわけです。まるで1語のように素早く発音されるので注意が必要です。

また、but youは「バット・ユー」→「バッ・ユ」「ブッ・ユ」となったり、くっついて「バテュ」「バチュ」となったりします。

but のリスニング練習

I went to the supermarket to buy some eggs, but they were sold out.

卵を買いにスーパーに行ったけど、卵は売り切れてたよ。

＊but theyは「バット・ゼイ」→「バッ・ゼ」「ブッ・ゼ」くらいに聞こえます。
butの語末の"t"は聞こえず、theyも弱形「ゼ」です。後ろのsold outは「ソ
ウルド・アウト」→「ソウゥダウ」といった感じです（sold outがくっついて、
最後の"t"は聞こえない）。

＊前半にあるwent toは「ウェン・トゥ」で、supermarketの語末の"t"も
ほとんど聞こえません。someは軽く「スム」です（p.140）。

I want to try yoga, but I'm not flexible.

ヨガをやってみたいけど、身体
がやわらかくないんだよね。

＊want toは「ワナ」、but Iは「バット・
アイ」→「バダイ」「ブダイ」といった感じ
です。後ろのnotは「ナッ」としか聞こえ
ないことが多いです。

You can go to the party, but you must come home by 10.

パーティーには行ってもいいけど、夜10時までには帰宅す
るように。

＊but youは「バット・ユー」→「バッ・ユ」「ブッ・ユ」や「バテュ」「バチュ」
となります。
＊You can go toは「ユー・キャン・ゴウ・トゥー」ではなく、軽く「ユ・ク
ン・ゴウ・トゥ（タ）」といった感じです。また、partyは濁音化して「パーティ」
→「パーディ」と発音されます。

because

33

> **ポイント** ほとんどの日本人が**because**は「ビコーズ」と思っ
> ていますが、これは強調したい場合などにしか使いません。**実際**
> **の日常会話では「ビクズ」「ブクズ」といった感じになり、さらに**
> **は「カズ・クズ」としか聞こえない場合もあるのです。**

強形で読むと…

ビコーズ

[bɪkʌ́z]
[bɪkɔ́ːz]
[bɪkɑ́ːz]

弱形で読むと…

ビクズ [bɪkəz]

ブクズ [bəkəz]

カズ・クズ [kəz]

●ここでも「あいまい母音」が使われる

弱形では、後ろの「コーズ」[kʌ́ːz][kɔ́ːz][kɑ́ːz]があいまい母音で、「ビ
クズ」[bɪkəz]といった感じになります。そして前の「ビ」[bi]の部分もあ
いまい母音で、「ブクズ」[bəkəz]と聞こえることも多いわけです。

さらにカジュアルな会話では、最初の**be**の部分の音がほぼ聞こえず、
「カズ」「クズ」[kəz]となる場合もあります。この発音を反映して、海外
ドラマの字幕では'**cuz**と表記されることもよくあるのです。SNSや

チャットで'cuzと書く人もいます（その他、'coz／'cosなどの表記もあります）。

自分が発音するときにここまで崩す必要はありませんが、実際の会話や海外ドラマでは頻繁に使われますよ。

【参考】 becauseがとる形は？

becauseの「形・働き」を意識することも聞き取りに欠かせません。「〜だから・〜なので」という意味は知っているでしょうが、接続詞で一番大事なのは「形」です。Because sv, SV.／SV because sv.「svなのでSVだ」という形をとる、としっかり意識してください。

becauseが「カズ」「クズ」と発音されると、発音が似ている動詞のcause「引き起こす」と勘違いしてしまう人がいますが、「形」を意識すれば簡単に区別できます。たとえば、SV カズ sv. と聞こえたら、この「カズ」はcauseではなくbecauseだと判断できるわけです（SVの直後に動詞causeはきません）。

138

because のリスニング練習

I'm mad at my wife because she lied to me.

妻に嘘をつかれたので、僕は妻に怒ってるよ。

＊becauseは軽く「ビクズ」「ブクズ」や「カズ」「クズ」です。
＊前半のbe mad at ～ は「～に怒っている」という熟語です。madは「狂っている」イメージが強いかもしれませんが、日常会話では「怒っている」という意味でもよく使います（≒ be angry with ～）。I'm mad atは「アイム・マッド・アット」→「アイ・マッダァ（ト）」といった感じです。
＊lied to meはここでは「ライ・ドゥ・ミ」といった感じに聞こえます。she lied to meの直訳は「彼女（妻）は私に嘘をついた」です。

I can't carry you because you're too heavy.

重すぎて持ち上げてあげられないよ。

＊because you'reは「ビコーズ・ユー・アー」→「ビコズュア」「ビクズュア」となります。
＊can'tは「キャン」です。can「クン」「カン」としっかり区別してください。
＊今回の英文は、大きくなってきた子どもに対して親が言うセリフです。

Daniel was absent from school because of Covid.

ダニエルはコロナで学校を休んだ。

＊because of ～ は「ビコーズ・オヴ」→「ビクズ・アヴ」（becauseとofが弱形）→「ビクズァ（ヴ）」（くっつく）となります（今回は「ビカズァ」のように聞こえます）。becauseの後ろには「文」がきますが、because of ～ の後ろには「名詞」がきます。
＊be absent from ～ は「～を欠席する」という熟語です。absentの"t"はほぼ聞こえず、fromは弱形「フラム」「フルム」「フム」です。

some/any

34

> **ポイント** someは「サム」と習うでしょうが、これは強形の発音です。普段は、あいまい母音で軽く「スム」くらいに発音されます。anyも「エニィ」とはっきり言うのではなく、あいまい母音で「ァニ」となることが多いです。

someを強形で読むと…

サム
[sʌ́m]

someを弱形で読むと…

スム
[səm]

anyを強形で読むと…

エニィ [éni]

anyを弱形で読むと…

ァニ [əni]

●someは弱形をしっかり意識する

　特にsomeが形容詞として名詞を修飾する場合は、弱形「スム」を使うのが基本です。さらに語末の"m"は唇を閉じるので、「ム」とはハッキリ発音されません（「スm」「スン」という感じで、後ろにくる単語によっては「ス」としか聞こえないこともあります）。

　some自体が「いくつかのもの」という意味で代名詞として使われると、強形になったりしますが、ハッキリ「サム」と言われたところで必ず聞き取れますので、弱形をしっかり意識しておきましょう。

anyも同じくあいまい母音で「ァニ」となることが多いです。さらには「ァ」が消えて「ニ」くらいしか聞こえないことさえあるんです（実際にそれを反映した'nyという表記もあります）。ここでは、さらにanyの使い方について見ていきましょう。

【参考】　anyの感覚

「anyは否定文・疑問文で使う」とよく習いますが、実際にはanyが肯定文で使われることもよくあります。anyは「非断定・不特定」のイメージです（「開いている」感じ）。任意で「どんな～でも」という意味で、以下のように肯定文でも使えます。

例）I like any kind of music.　どんな種類の音楽でも好きです。

ちなみに、someはこの逆で「断定・特定」のイメージです（「閉じている」感じ）。「ハッキリとはわからないが、あるものが少し存在することは断定できる」と考えると、anyとの違いが理解しやすいでしょう（次ページでも確認しましょう）。

some/any のリスニング練習

Nicole received some red roses on Valentine's day.

ニコルはバレンタインデーに数本の赤いバラをもらった。

＊someは軽く「スム」です。また、red_の"d"はほとんど聞こえません。

Could you look at my presentation and give me some feedback?

私のプレゼンを見てフィードバックをいただけませんか？

＊someは軽く「スム」です。ここでは疑問文でsomeが使われていますが、勧誘や依頼では「someで断定する」ことで、肯定の答えを期待するときに使えます。

＊Could youは「クッド・ユー」→「クジュ」「クジャ」、look atは「ルック・アト」→「ルッカッ」です。

＊andは軽く「アン」「ン」、give meは「ギヴ・ミー」→「ギ・ミ」です（p.66）。

> 弱形がポイントの単語が詰まった英文なので、しっかり練習しておきましょう。

Do you have any change?

小銭ありますか？

＊Do you haveは「ダ・ヤ・アヴ」、anyは軽く「アニ」です。anyは「非断定・不特定」のイメージで、疑問文で「もしあれば何でもいいので」といった感じでよく使われます。

＊ここでのchangeは「小銭」という意味です（「お札で出して小銭に変化する」→「小銭・お釣り」と考えればOK）。

弱形で読まれる接続詞、その他⑥

35

there

ポイント thereは「ゼアー」ではなく、軽く「ゼァ・ザ」としか聞こえないこともよくあります。There is構文のときにこの弱形が頻繁に使われますので、発音とThere is構文をしっかり確認していきましょう。

強形で読むと…

ゼアー [ðéər]

弱形で読むと…

ゼァ・ザ
[ðər]

●日常会話でよく使うthere is ～「～がある・いる」

There is ～「～がある・いる」という構文では、Thereが弱形「ゼァ」「ザ」となります。会話では短縮形There's ～ で、「ゼアー・イズ」→「ゼァ・ズ」→「ゼァズ」くらいに発音されることが多いです。日常会話で非常によく使うので、p.145でしっかり練習しておきましょう。

＊is の弱形「ズ」は p.149 で扱います。

【参考】 会話で便利な**There is something wrong with ～**

There is ～ の形を使った表現として、There is something wrong with ～ があります。直訳「～について (**with**) 何かおかしいところ (**something wrong**) がある」→「何か～の調子がおかしい」という意味です。元々はSomething is wrong with ～ で、このままでもアリなのですが、文頭に不特定のSome (Something) がくるのを避けて**There is**を使う形でよく使われるようになりました。

この表現は、日常会話や海外旅行でとても役立つので、パッと言えるようにしておきましょう。たとえば、海外旅行でホテルの設備に不具合があるときに、**There's something wrong with the shower.**「シャワーの調子がおかしいです」と言えると便利ですね。

there のリスニング練習

There's something wrong with the air conditioner.

エアコンの調子が悪い。

＊There's 〜 は「ゼアー・イズ」→「ゼァ・ズ」
→「ゼァズ」です。
＊There's something wrong with
〜「何か〜の調子がおかしい」という表現です。
somethingとwrongの"g"はほとんど聞こ
えず、with theは「ウイズ・ジ」→「ウィ・ジ」
となります。

There are a lot of bookstores in Jimbocho.

神保町には本屋がたくさんあります。

＊There areは「ゼアー・アー」→「ゼァ・ァ」→「ゼァ」くらいに聞こえます。
＊a lot ofは「ア・ロット・オヴ」→「ア・ロッタ」「ア・ロッダ」です（p.24）。

A：Dad, can you come here for a sec?

パパ、ちょっと来て！

B：Is there a spider?

クモ？

＊Is there a 〜 は「イズ・ゼアー・ア」→「イズ・ゼァ・ア」→「イゼァ」と
いった感じです。There is構文の疑問文で、Is there 〜?「〜がいるの？」
という意味です。
＊can you 〜?「〜してくれる？」は、「キャン・ユー」→「キャン・ユ」「キャ
ニュ」となることが多いです。また、for a secは、for a second「少しの間・
一瞬」という熟語です（会話ではsecondをsecと略すことがあります。p.67）。
for aは軽く「フォァ」です。

36

am / are

ポイント be動詞のam／are／isはすべて弱形があります。

たとえば、普段はI amをいちいち「アイ・アム」とは言わず、「アイム」と発音することは有名ですね。

amを強形で読むと…

アム
[æm]

amを弱形で読むと…

アム　　ム
[əm]　　[m]

areを強形で読むと…

アー[áːr]

areを弱形で読むと…

ア [ər]

●amは、「ム」としか発音しないから書くときもmに

　amの弱形は「ァム」「ム」です。話すときに"I am"のamを「ム」としか発音しません。「『ム』としか発音しないから、書くときもamではなくてmだけでいいや。あとはamの省略がわかる目印としてアポストロフィ（'）をつけてI'mと書けばいい」という発想から、I'mと表記されるわけです。

　I'm以外の短縮形も同じ発想で、areを弱形で発音するから、'reになります。you'reは「ユー・アー」ではなく軽く「ユァ」「ヤ」です。

146

●What are youは「ワダヤ」「ワダユ」と聞こえる

What are you doing? 「何をしているの？」などでの、What are youに注意が必要です。「ワダユ」「ワダヤ」「ワッチャ」などと聞こえます。

What are you →「ワダユ」「ワダヤ」に聞こえるプロセス

①「ワット・ァ・ユー」　＊Whatは「ホワット」ではなく「ワット」
　　　　　　　　　　　／areは弱形「ァ」
②「ワッタ・ユー」　　＊What areがくっつく
③「ワッダ・ユー」　　＊「タ」→「ダ」に有声化
④「ワダユ」「ワダヤ」　＊youが弱形「ユ」「ヤ」に

＊ are you が「ァユ」「ァヤ」になるので、What are you で「ワッチャ」となるパターンもあります。

＊ What do you も「ワッダヤ」「ワダヤ」のように聞こえますが（p.120）、" ワダヤ ＋ 原形 " → "What do you 原形 "、" ワダヤ ＋-ing" → "What are you -ing" と後ろに続く動詞の形で判断できます。

am/are のリスニング練習

A: What are you doing?　何してるの？

B: I'm reading a mystery novel.

　　ミステリー小説を読んでいるんだ。

＊What are youは「ワダユ」「ワダヤ」と聞こえます。doingの"g"はほとんど聞こえません。

＊I'mは軽く「アム」くらいです。reading aはくっついて「リーディング・ア」→「リーディンガ」となります。

Excuse me, I think you're in my seat.

すみません、ここ多分私の席なんですけど。

＊you'reは「ユー・アー」ではなく、軽く「ュァ」「ヤ」と発音されます。直後のinも含めてかなりサッと発音されるのが普通です。

＊後半の直訳は「あなたは私の席にいると思います」で、「知らない人が自分の席に座っていた」ときなどに言うセリフです。

歌舞伎
10列26番

10-26

A: Where are you going?　どこに行くの？

B: I'm going shopping.
　　Do you want to come with me?

　　買い物に行くんだ。一緒に行かない？

＊Where are youは「ホウェアー・アー・ユー」→「ウェア・ア・ユ」→「ウェア・ユ」となります。直後のgoingは「ゴウイン」です。

＊I'mは軽く「アム」。going shoppingの2つの"g"はほぼ聞こえません。

＊Do you want to ～ は「～しない？」と誘う表現です。want toは「ワナ」、with meは「ウィ（ズ）・ミ」となります。

37

is

ポイント am・areと同じく、isも「ズ」という弱形でよく使われます。I'mやyou'reと同じ発想で、isを弱形で発音するから、'sになるのです。he isは「ヒー・イズ」ではなく軽く「ヒズ」となるのでしたね（p.60）。

強形で読むと…

イズ[íz]

弱形で読むと…

ズ[z]

●Who is とWhoseの区別は「後ろの形」

　isの弱形を使った表現として注意が必要なのがWho's（＝Who is）です。リスニング対策では、「文頭の疑問詞Whoを聞き取る」と説明されることもありますが、実際にはWhoseだと思って混乱することがよくあるんです。Who isは「フー・イズ」→「フーズ」と聞こえるので、Whoseと同じ音になるわけです。このWho's（＝Who is）とWhoseを区別するポイントは「後ろの形」です。リスニングと言っても、「文法・熟語」の力がポイントになります。

「フーズ」と聞こえた場合

① Whose　＊「誰の〜」という意味／後ろに「名詞」か「動詞」がくる
② Who's　＊Who is[has]の短縮形

　たとえば「フーズ」と聞こえてWhoseだと思ったとしても、後ろに
in charge of 〜 と続いた時点で、Who's（＝Who is）だと頭の
中で変換する必要があります。Whoseの直後に前置詞inがくるはず
がなく、ここではbe in charge of 〜「〜を担当して」という熟語
だと判断する必要があるわけです。

　一方、Whoseの直後は「名詞か動詞」です。たとえば、Whose
book is this? か、Whose is this book? になるはずです。
Whoseの直後にinはきませんね。

　ちなみに、このWhose vs. Who'sはTOEICテストのリスニン
グでもよくポイントになります。右ページでしっかり区別できるよう
にしておきましょう。

Who's in charge of ~ ?　私です！

is のリスニング練習

A: This looks beautiful! Is it a *kimono*?

これは美しいですね！　着物かな？

B: No, it's a *yukata*.

いや、浴衣だよ。

Oh, beautiful!

＊Is it aは「イズ・イット・ア」→「イズィッタ」「イズィッダ」といった感じです。
＊it's aは「イット・イズ・ア」→「イッツァ」です。

A: Who's in charge of our new project?

新しいプロジェクトの担当って誰？

B: It hasn't been decided yet.

まだ決まってないよ。

＊「フーズ」と聞こえた後にin charge of 〜 と続くので、Who's (=Who is)と判断します。Who's in charge of 〜? 「〜の担当は誰？」はよく使われる表現です。of ourは「オヴ・アワー」→「アヴァ」といった感じです。
＊返答は「完了形＋受動態(have been p.p.)」の形です。hasn'tは「ハズン」、beenは軽く「ビン」「ベン」です(p.156)。

A: Whose desk is this?

これって誰の机？

B: It's Aoi's.

アオイのだよ。

＊「フーズ」の直後に名詞deskがきているので、Whoseだと判断します。

38

be

ポイント be動詞の原形beにも弱形があります。強形の「ビー」では[iː]という口に力を入れて伸ばす音ですが、普段はもっと軽く「ビ」と発音されます。

強形で読むと…

ビー [bíː]

弱形で読むと…

ビ [bɪ]

●助動詞とセットで発音されるパターンをおさえる

弱形の音自体は特に難しくないのですが、直前の助動詞とセットで素早く発音されるので、よく使われるパターンに慣れておくことが大切です。

たとえば、will beは「ウィル・ビー」ではなく軽く「ウィ・ビ」、would beは「ウッド・ビー」ではなく軽く「ウ・ビ」くらいに聞こえます。また、can beは「キャ・ビ」、could beは「ク・ビ」という感じです。

＊これらの発想は、been が「ビーン」ではなく「ビン」になるときにも役立ちます。実は been の聞き取りはとても重要なので、次項でしっかり扱います。

【参考】 会話表現のIt couldn't be better! を攻略する

It couldn't be better!「絶好調だよ！」という決まり文句があり、これは「イット・クドゥント・ビー・ベター」→「イ・クドゥン・ビ・ベダー」と発音されます。itとcouldn'tの"t"が消え、beが弱形「ビ」になり、betterが濁音化して「ベダー」となるわけです。

意味に関しては、notとbetterから「よくない」と勘違いする人がいるのですが、きちんと理屈から考えれば解決します。betterはgoodの比較級なので、本来はthan ～「～より」という比較対象が必要です。ここではthan now「今（の私の状態）より」を補って、It couldn't be better {than now}. と考えればOKです。直訳「今の状態より（than now）良い（better）なんて、仮の世界でもありえない（couldn't be）」→「もうこれ以上、上がりようがないほど良い」→「絶好調」となるのです。

> 「状況のit」は訳さなくてOK。couldは仮定法の
> ニュアンスで「仮の世界でも」。

It couldn't be better!

be のリスニング練習

There will be a lot of people at Shibuya tomorrow.

明日、渋谷にはたくさん人が集まります。

＊Thereは「ゼァ」「ザ」、will beは軽く「ウィ・ビ」です。
＊a lot ofは「ア・ロット・オヴ」→「ア・ロッタ」「ア・ロッダ」、atは軽く「ァ」です。この英文はハロウィン前や大晦日前に言うようなセリフです。

It would be difficult to live in a foreign country.

外国に住むのは大変だろう。

＊It would beは軽く「イ・ウ・ビ」です。このwouldは「推量・婉曲（～だろう）」を表す用法です。will「～するはず」に「もしかしたら」という仮定のニュアンスが含まれて、少し遠回しなニュアンスになります。
＊difficultの語末の"t"はほぼ聞こえず、difficult toは「ディフィカウ・トゥ（タ）」という感じです。また、in aはくっついて「イナ」となります。

A：How's it going?　調子どう？

B：It couldn't be better!　絶好調だよ！

＊It couldn't be better!「絶好調！」は「イ・クドゥン・ビ・ベダー」と発音されます。Itが省略されてCouldn't be better. と使われたり、not→neverになって省略が起きたNever better. の形で使われたりすることもあります。
＊How's it going? は、「ハウズ・イット・ゴウイング」→「ハウズ・イ・ゴウイン」→「ハウズィ・ゴウイン」です。直訳「どのように（How）状況（it）は進んでいますか（is going）？」→「調子どう？」で、How are you? と同じ意味になります。

155

39

been

> **ポイント** beenは「ビーン」ではなく、普段は「ビン・ベン」のように軽く発音します。紛らわしいhave been p.p.「～されてしまった」とbe being p.p.「～されている途中だ」をしっかり区別できるよう、正しい発音を解説していきます。

強形で読むと…	弱形で読むと…
 **ビーン**[bíːn]	 **ビン**[bɪn]

●beenは普段は「ビン」「ベン」と発音される

　beenの強形では[íː]は強く伸ばす（口に力を入れる）音ですが、普段はもっと軽い母音になって、サッと「ビン」のように発音されます。「エ」の発音も少し混ざるので、場合によっては「ベン」と聞こえることもあります。

> 実際、ネイティブから、「辞書に『ビーン』の発音は載っているけど、正直、使う場面が見当たらないほど『ビン』が普通だと感じる」と聞いたことがあります。

●「ビーン」と聞こえたら**being**かも

　合わせてチェックしてほしいのが**being**です。**being**は最後の
gがほとんど聞こえず、「ビーィン」となることが多いです。つまり、
beenは「ビーン」ではなく「ビン」、**being**は「ビーイング」ではなく
「ビーィン」と聞こえます。

beenとbeing

	一般的に信じられている発音	実際の発音
been	ビーン ＊beenの強形	ビン ＊beenの弱形
being	ビーイング	ビーィン ＊gの飲み込み

＊beingには弱形はありません。これは単なるgが鼻にかかるだけです。

　「一般的に信じられている**been**の音（ビーン）」と「実際の**being**の
音（ビーィン）」がそっくりなんです。つまり、**being**「ビーィン」が発
音されているのに、多くの人は「**been**だ」と勘違いしてしまうんです。
次ページでこの区別を練習しておきましょう（**TOEIC**テストでもこ
の聞き分けはよくポイントになりますよ）。

been のリスニング練習

The windows have been cleaned.

窓はきれいになりました。

＊haveは軽く「アヴ」、beenは軽く「ビン」「ベン」です。have been p.p.は現在完了形＋受動態で、「～されてしまった」などの意味になります。「窓は掃除されてしまった」→「窓の掃除は完了した・窓はきれいになった」ということです。

The windows are being cleaned right now.

窓はいま掃除中です。

＊beingは「ビーィン」です。be being p.p. は進行形＋受動態で、「～されている途中」を表します。
＊cleanedの"ed"、rightの"t"はほぼ聞こえません。

> 例文は「今まさに掃除されている途中」ということです。

I have been in Italy for one week now.

イタリアに来て1週間が経ちました。

＊been inは「ビーン・イン」→「ビン・イン」「ベン・イン」→「ビニン」「ベネン」となります。現在完了形（have p.p.）で、直訳は「私は今、1週間イタリアにいる」です。
＊forは軽く「フォ」です。

159

関 正生（せき まさお）

1975年7月3日東京生まれ。慶應義塾大学文学部（英米文学専攻）卒業。TOEIC® L&Rテスト990点満点取得。リクルート運営のオンライン予備校「スタディサプリ」の講師として、全国の中高生・大学受験生、さらに社会人など、年間140万人に授業を行っている。『世界一わかりやすい英文法の授業』『真・英文法大全』(共にKADOKAWA)、『前置詞キャラ図鑑』(小社)など著書は120冊以上。

桑原雅弘（くわはら まさひろ）

1996年6月14日山口県生まれ。東京外国語大学国際社会学部（英語科）卒業。英検1級、TOEIC® L&Rテスト990点満点、TOEIC® S&Wテスト各200点満点、英単語検定1級取得。共著に『世界一わかりやすい 英検準1級に合格する過去問題集』(KADOKAWA)、『関正生の TOEIC® L&Rテスト 神単語』(ジャパンタイムズ出版)などがある。

Staff

● 本文デザイン、DTP／谷口賢(Taniguchiya Design)　● マンガ、イラスト／上田惣子
● マンガシナリオ／清水めぐみ　● 校正／夢の本棚社　● 音声収録／ベストメディア
● ナレーター／David Culp　● 編集／花澤靖子(スリーシーズン)

本書の内容に関するお問い合わせは、**書名、発行年月日、該当ページを明記**の上、書面、FAX、お問い合わせフォームにて、当社編集部宛にお送りください。**電話によるお問い合わせはお受けしておりません**。また、本書の範囲を超えるご質問等にもお答えできませんので、あらかじめご了承ください。

　FAX：03-3831-0902
　お問い合わせフォーム：https://www.shin-sei.co.jp/np/contact-form3.html

落丁・乱丁のあった場合は、送料当社負担でお取替えいたします。当社営業部宛にお送りください。
本書の複写、複製を希望される場合は、そのつど事前に、出版者著作権管理機構（電話：03-5244-5088、FAX：03-5244-5089、e-mail：info@jcopy.or.jp）の許諾を得てください。
JCOPY ＜出版者著作権管理機構 委託出版物＞

本当の発音がわかるとリスニング力もアップする！　発音キャラ図鑑		
2023年 7 月15日　初版発行		
著　者	関　　正　　生	
	桑　原　雅　弘	
発行者	富　永　靖　弘	
印刷所	株式会社新藤慶昌堂	

発行所　東京都台東区　株式　新星出版社
　　　　台東2丁目24　会社
　　　　〒110-0016　☎03(3831)0743

ISBN978-4-405-01274-5